# 魔法の国づくり物語

栄 幸信
SAKAE Yukinobu

文芸社

もくじ

# 第一章　ディズニーとの出会い、オリエンタルランド社との縁

## 1

南カリフォルニアのアナハイムにあるディズニーランドには、今まで何度も遊びにきている。今日はパークを楽しむゲストではなく、ディズニーのインターンシップ・プログラム参加のために来たので、従業員用の通用口から敷地内に入ることになっている。案内書には通用口の略図が描いてあるが、よくわからない。こんもり茂った木立の横に、門のようなものがあるところまで来た。ここが通用口なのかなと、キョロキョロしているとふいに声をかけられた。

「ハーイ、ハロー、今日はどんな用事で来たのかな」

見慣れない私を見て、背の高い制服姿のかっこいい警備員が声をかけてきた。

私は「ハロー、今日から始まるディズニー・インターンシップ・プログラムに参加するために来ました」と応えて書類を見せると、その警備員は、

「オーケー、ここに名前を書いてから入ってください」と案内してくれた。

入場者リストに私の名前、Yukinori Sakaueと記入して敷地内へ入っていくと、前方にメリー・ポピンズとバートの衣裳を着たフェイスキャラクターが何やら談笑しながら歩いているのが目に入った。ディズニーキャラクターのグーフィーとプルートも、人間のようにすたすた歩いている。また、デザインの違うコスチューム姿の従業員が道路を行き交っている。

「へぇ〜、これがパークの裏側か」と驚きもし、面白くもあり、同時に興味をもった。

私はここ南カリフォルニアのロングビーチに来て今年で三年目を迎えている。州立大学のロングビーチ校に通っているが、一九八〇年のこの夏はまた新しいことが始まる夏である。今まで大学の長い夏休みは小遣い稼ぎや学費の足しに、日本からの研究者やビジネスマンへの通訳やガイド、日本人学校の先生、友達から紹介されたアルバイトなどをしていたが、今年の夏は私のアパートからそう遠くはないアナハイムにあるディズニーランド通いが始まる。というのは、ディズニーランドが日本人留学生を対象にした夏季インターンシップ・プログラムを募集していたので、それに応募したところ運よく参加できるようになったからである。

このプログラムの内容は、夏の間ディズニーランドでキャストとして働きながらその体験をレポートすれば、単位がとれて、しかも時間給のアルバイト料が貰える。その上ディズニーのことが学べるというものだった。応募するとき、(これは一石三鳥のうまみのあるアルバイトだ)と思ったものだ。なぜなら楽しく遊ぶところで働くことができバイト料が貰え、さらに単位がとれる。そして、この単位は今私が在籍しているロングビーチ州立大学に移行できるというものである。また、ディズニーランドで働いた経験があるとレジュメ(経歴履歴書)に書けば、ここカリフォルニアで就職するときに有利になると聞いている。ということで六月から私はディズニーランドで働くことになったのである。

案内にあった、ザ・センターという建物にあるディズニーユニバーシティという部屋に入ると、すでに何人かの留学生が来ていた。ほどなく、私服姿にネームタグを付けたスタッフの一人が呼びかけた。

「皆さんおはようございます。ようこそ集まってきてくれました。私はTOKYO PLANNING CENTERのビルといいます。これから皆さんが受けるプログラムの概要を説明しますが、その前にここにいるスタッフの自己紹介をしましょう」

と言って、自分の自己紹介から始めた。彼はアドベンチャーランドにあるジャングルクルーズのキャストから始めて、現場責任者であるワーキンググリード、現場監督としてのスーパーバイザーを経て、今はマネジメントチームに加わっているということだった。女性スタッフも二、三人いたが入れ替わり立ち替わりで部屋を出入りしていたので、名前はよく覚えていない。ビルが説明してくれたプログラムというのがTOKYO DISNEYLAND SUMMER WORK EXPERIENCEというものであること、日本のオリエンタルランドという会社が東京にディズニーランドを建設し運営するということ、そのためにアメリカに来ている日本人留学生をここディズニーランドで、ディズニーの伝統と哲学を学び理解したパーク経験者を養成するのがこのプログラムの目的である、と言っていた。このプログラムはトーキョーディズニーランド・プロジェクトの一環で、ディズニーユニバーシティでの座学とキャストとしてのオン・ザ・ジョブ・トレーニング（ＯＪＴ）があるということだった。座学研修ではディズニーの伝統と哲学、ＯＪＴでは実際にパークで仕事をしながら、現場マネジメントレベルまでの仕事を体験するというのが主なものである。期間は今年から夏休みを利用した三年間、つまり三回の夏期間実習を行うというものである。

ビルが説明したこのプログラムに集められたのは八人の留学生であった。サンフランシスコから来たという大きな眼鏡が印象的な女の子と、もう一人スラっと背の高い男のジュン、そして私と同じ大学で顔なじみのコーヘイと全く初めて会うケンゾー、それに地元のオレンジコースト・カレッジからのテツ、ロスアンゼルス近郊からの男性二人キムとオサム、そして私である。集まった八人をざっとみたところ、私が一番年上だと思った。というのは、私は日本では大阪の会社で働いていたことがあり、その会社を辞めてまた学生になったからである。

この八人はユニバーシティルームからTOKYO PLANNING CENTERのオフィスに移動させられ、ここでビルが簡単に東京ディズニーランドについて話をしてくれた。場所は東京近郊の埋め立て地、オープン予定は一九八三年でそれまでにこのトーキョーディズニーランド・プロジェクトは、できる限りの運営準備をするということであった。我々八人は早速ワードローブというコスチュームを借りるところへ連れていかれ、それぞれＯＪＴを受ける施設のコスチュームを借り、案内されたロッカーに入れて初日は終了した。

私がこのプログラムのＯＪＴで最初に経験したのは、人気アトラクションの一つ「カリブの海賊」である。海賊の雰囲気のある茶系のコスチュームを着て、胸には

Yuki（ユキ）と、私のカリフォルニアでの呼び名が入ったネームタグを付けている。

夏休み中のディズニーパークはどこも連日の賑わいである。ディズニーランド・レイルロードの汽車が見える正面エントランスから、メインストリートUSAを通り抜けて左へ行き、アドベンチャーランドを横切った先にニューオーリンズ・スクエアがあるが、ここにある「カリブの海賊」は朝から長蛇の列ができる。

今日も朝からよく晴れたカリフォルニアブルーの青空がきれいだ。私は朝に紹介されたサムというこのアトラクションのトレーナーと一緒である。彼はまだ学生っぽい雰囲気のある好青年だ。まずアトラクションの入口近くに行きゲストに声をかけることから始まった。サムがまずお手本としてゲストに声をかける。

「おはよう皆さん！　ここはカリブの海賊です。皆さんを海賊の世界へ案内します」

家族連れや友達グループなどが、そのかけ声に呼び込まれるように続々とアトラクションの入口に集まってくる。

「皆さんお持ちのチケットブックからEチケットを切り離して用意してください。Eチケットですよ～、エクセレントのEです」

と大きな声を張り上げている。

みるみるうちにたくさんのゲストが集まってくる。私はこの光景を見て、〝うへぇ〜、これはすごいな。こんなにたくさんの人が朝早くからここにやってくるのか〟と、最初はあっけにとられ声も出なかった。集まってくるゲストをボォ〜と見ていると、

「さて、そろそろユキにも声をかけてもらおうかな。大きな声ではっきりとゲストに聞こえるように言ってください」

とサムに促された。私も見よう見まねでサムが言っていたように、「おはよう皆さん、こちらはカリブの海賊です。海賊の世界が楽しめます」と言ってから、「入口に来るまでにEチケットをご用意ください。エンジョイのE、Eチケットです」。横にいたサムは「なかなかうまいじゃないか。エンジョイのEというのはグッドだ」と言って、小声で褒めてくれた。ゲストの前で大きな声を出すのに慣れていない私は、サムのこの言葉でふっと気が楽になった。

サムと私が、アトラクション入口に向かってくるゲストにこのように声をかけていると、なかには「ハーイ、今日もいい天気だね。ディズニー日和だ」なんて言ってくれるゲストもいたりする。サムはしばらくしてから、

「キャストからの声がけは、ゲストとコミュニケーションをとる呼び水にもなるんだ」と言っていた。

最初の四週間はこの人気アトラクションでトレーナーのサムに付いてもらいながら、各ポジションを体験した。まずはアトラクション入口にあるターンスタイルで「カリブの海賊」の入場券になるEチケットをA、B、C、D、Eと種類のあるチケットブックの中から切り取ってもらい確認し受け取ること、次にゲストがボートに乗るところでのグループ分けである。「カリブの海賊」のショーエリアに連れていってくれるこのボートは十九人乗りで、乗降場所では二台のボートが入ってきてゲストを乗せて出発している。先頭から四列目まで四人が座ることができ、最後尾の五列目は三人座りになっている。そのため、二人のカップルや五人の友達グループ、三人や四人連れの仲間たち、さらには旅行団体客など、さまざまなグループ人数のゲストをボートに振り分けるポジションである。次にこのゲストを乗せたボートを出発させるポジション。ゲストからは見えにくい位置にあるコントロールタワーでの作業であるが、ボートに乗ったゲストの安全を確認してボートを出発させること、複数あるモニター画面に映っているショーエリアでのボート運行のチェックを、常時行うことが課せられている。そして最後はこのアトラクション「カリブの海賊」を楽しんだゲストが、ボートから降りるアンロードエリアでのポジションである。各ポジションがどのようなものか、一通りサムのもとで体験した。

次の四週間はプラザ・インというレストランである。ここでは主に二つのポジションを体験した。一つはゲストからのオーダーに沿ってキッチンでスパゲティやパストラミ・サンドイッチ、そして飲み物などをピックアップして、サービスカウンターに運ぶランナーという役目である。もう一つは、ゲストが食事をしたあとの皿やフォーク、スプーンなどを片付けて食器洗い場へ持っていくバッシングというポジションだ。ここでもトレーナーのロバートと一緒にＯＪＴを体験する。体格のがっちりした彼が仕事をする前に注意したのが、手をしっかり洗うこと、熱い物を扱うときは火傷に気をつけること、そして重たい物を持つときは周りと自分の安全に気をつけること、ということだった。

一通りこのレストランでの仕事の流れを説明してもらい、表のテーブル席と裏のキッチンがどうなっているかを案内してもらう。ロバートが何回かランナーとバッシングをやり、私は彼と一緒に動き回った。バッシングのときのお皿やカップ、ナイフ、フォーク等を四角い入れ物にうまく詰め込む方法なども教えて貰った。試しに私が一度その入れ物に詰め込んでみると、ロバートは、

「なかなかいいじゃないか。その調子だ」と褒めてくれた。

私はそんなにうまくできたとは思わなかったが、でも気分は悪くない。カリブの海賊のサムといい、ここのロバートといい、なかなか褒め上手である。レストランの現場はとにかく忙しい。なれない名前のフードをオーダーに沿って取り揃えるのに気を遣う。また、テーブルの後片付けで食器やカップ、フォーク・ナイフを四角い入れ物にできるだけたくさん積み込んで洗い場まで持っていくのは重労働であった。

そして最後の四週間はファンタジーランドにあるティンカーベル・トイ・ショップである。ここでは店のストックルームで商品の説明を受け、ストック棚の配置とどんな商品が保管されているか、概略を覚えることから始まった。女性トレーナーのリンダと一緒に倉庫から運ばれてくる商品を段ボール箱から出し、定められたストック棚に順番に保管していく。保管し終えると段ボールを集めて外の段ボール置き場に持っ

ていく。受け入れのとき、段ボール箱の数を数えたり、中に入っている商品の数を数えたりするが、リンダは私にトレーニングをしながら「日本語で数字はどのように言うの」と聞いてきた。私は、
「日本語で一はitchy（痒い）と同じような発音で、二はknee（膝）、三はsun（太陽）、四はshe（彼女）、五はgo（行く）のように数える」
と教えた。
するとリンダは、背中を掻く真似をして、
「oneは日本語で、itchy（イチィ）ね」、
そして膝を抑えて「twoはknee（ニィ）」、
次に上を指差して「threeはsun（サン）」、
自分を指差して「fourはshe（シィー）」、
両手を前後に振って「fiveはgo（ゴウ）だね」
体を動かしながら、そして笑いながら数回繰り返して覚えてしまった。
これでリンダと話しやすくなり、その後のコミュニケーションが気楽になった。次に店内を見て回り商品補充が必要な棚には、品出しなどをする経験をした。

こういったパーク内でのＯＪＴの合間に、座学でのディズニーユニバーシティでは伝統と哲学を学んだ。パークはテーマを持った七つのエリアで構成されているテーマパークであること、家族向けのエンターテイメントがメインであるファミリーエンターテイメントであること、そしてパークに来られたゲストに幸せな気持ちになってもらうことがキャストの使命ということなど。また、アトラクションやフード、商品施設等の運営について、安全、礼儀正しさ、ショー、効率、の四つのことを常に考えて行動することがパーク運営の哲学である、ということも教えられた。

こうしてTOKYO DISNEYLAND SUMMER WORK EXPERIENCEの一年目が終了し、最終日にトウキョウ・プランニング・センター（ＴＰＣ）の事務所でミッキーのイラストが入った修了書を貰った。これにはＴＰＣセンター長と、ウォルト・ディズニー・アウトドア・レクリエーションのプレジデントのサインも入っていた。私はこの夏の体験レポートを、この体験プログラムをディズニーランドと提携しているオレンジコースト・カレッジに提出した。

## 2

夏が終わると九月からは秋学期が始まる。私はロングビーチ校のインターナショナル・カウンセル・コミュニティ（ＩＣＣ）から日本人留学生会の会長を受任しているので、学内での日本人情報はそれとなく入ってくる。その中にこの秋学期から川島テツという日本人が、オレンジコースト・カレッジからジュニア（三年生）として転校してきているということを耳にした。（あれっ、テツというと、この夏ディズニーランドで一緒にインターンシップ・プログラムを受けたやつではないのか）と思った。

ロングビーチ校は一つの丘をまるごとキャンパスにしているような学校なので、丘のすそ野をローアーキャンパスと呼び、丘の上をアッパーキャンパスと呼んでいる。その中腹にスチューデント・ユニオンという木立に囲まれた二階建ての建物がある。ここにたくさんの学生が集まるので、いつものように立ち寄っていると彼に会った。やっぱりあのテツであった。

「やあ、確かテツだよね。夏にディズニーランドで一緒にインターンシップ・プログラムを受けた」

「はい、ああユキさんですか。僕も気になっていたんですよ。オレンジコースト・カレッジから、ここのジュニア（三年）に九月から編入してきました」。

気さくな感じのテツとは、同じ学校ということになりグッと親しくなった。

三年からは専攻のクラスが多くなる。私は自分の専攻である English major の Language and Composition クラスをとりながら、Teaching English as a Second Language という第二外国語としての英語を教える免許証も取得するつもりでいたので、三年からは更に忙しくなった。

それは大学のクラス以外にも、夜間にカンボジアやベトナムからアメリカに渡ってきた大人、三十代四十代の人たちに、日常英語を教えることが課せられていたからである。最初はT・A（ティーチング・アシスタント）として経験を積み、次第に自分ひとりでその夜間クラスを教えるようになった。

州立大学ロングビーチ校の近くには、パシフィック・コースト・ハイウェイ（PCH）というカリフォルニアの海岸線を走る見晴らしのいい道路がある。クラスのレポートや日常の忙しさに煮詰まると、気晴らしに中古車でポンコツのトヨタ・ステーションワゴンに乗ってこのPCHをドライブする。車の窓を全開にして、イーグルスの「ホテルカリフォルニア」やカーペンターズの「トップ・オブ・ザ・ワールド」など音量をあげて聴きながら、サンセットビーチからビッグウェーブで若者に人気のサーフィンスポット、ハンティングトンビーチ、そして高級住宅とオシャレなヨットハーバーのあるニューポートビーチへ南下する、オーシャンビューのコースを海風に吹かれながら往復すると、気分も一新する。

## 3

二年目の夏がやってきた。今回は前半の六週間をアトラクションの「カリブの海賊」で働くことになった。このアトラクションはボートに乗って戦いや隠れ家にいる海賊たちを、音楽やせりふに合わせて動く機械人形である、オーディオ・アニマトロニクスで創作したショーエリアを見て回るものである。

ここでのキャストは二つのローテーション（輪番制）で動いている。それは入口のチケットを貰うポジション、次にボート乗り場でのゲストのグループ分け、そして降り場でゲストの下船を促し、新たにボートに乗り込んできたゲストの安全を確認して、コントロールタワーに知らせるポジションからなるローテーションと、もう一つは乗船場のグループ分けの次に、降り場ポジションへ行かずにコントロールタワーへ行くローテーションである。このローテーションでゲストとのやりとりが多くあるのがグループ分けのポジションだ。

ある日の私のグループ分けポジションでのやりとりは、このようなものであった。

私「ハロー、何人のグループですか」
最初のゲスト『二人』
私「オーケー、一番の列です」「次は何人ですか」
次のゲスト『三人』
私「三人ですね。二番の列へ行ってください」「次は?」
三グループ目のゲスト『二人です』
私「オーケー、一番の列に行ってください」「次の方は何人ですか」
ゲスト『四人』
私「オーケー、三番の列です」「次の方は?」
ゲスト『全部で五人』
私「オーケー、四人の方は四番の列で、もう一人は五番目の列に行ってください」

「次のグループは何人ですか」
ゲスト『二人です』
私「わかりました。二番へ行ってください」「次の方は？」
ゲスト『彼と私の二人』
私「オーケー、二人とも五番目の列へ行ってください」
　とまあ、こんな具合に案内することになる。これらのことを、あの〝ヨーホー、ヨーホー、ア・パイレーツ・ライフ・フォー・ミー〟というカリブの海賊の歌が流れているのと、並んでいるたくさんのゲストの話し声や笑い声が施設の館内に反響している雑然としたなかで、キャストは声をかけ案内する。そして休憩は、ローテーションラインのポジションを一通り終えると順番に休憩をとるという、バンピング・ブレイク・システムもここで経験した。
　こういったレギュラーのキャスト経験をしたあと、残りの二週間ほどを、今度はこのアトラクションのワーキングリードと一緒に仕事をすることになった。ワーキングリードとは一般キャストをまとめるリーダー役で、まあ現場責任者といったところだろうか。最初は年の頃五十ぐらいの大ベテラン、ニックと一緒だった。彼のコスチューム姿はまさに海賊の雰囲気をもっており、声は大きくぐいぐい仕事をやる男で、私はとにかく彼について回るだけだった。アトラクションのオープン前にショーエリアを見て回り、オーディオ・アニマトロニクスの機械人形であるフィギュアの動きやボートを進める水流の具合、エリア全体におかしなところはないか、キャットウォークと呼ばれる、裏の迷路のような細い通り道を歩いてチェックする。彼とはオープン作業を一緒にやった。その日の出勤キャストの要員配置と休憩スケジュールを組み、朝に現場事務所のリードオフィスにやってきたキャストに、初めのポジションを指示する。担当時間中何もなければいいが、大概はいろいろハプニングが発生するので、その対応も行う。

よくあるのが、出発したあとボートが急流を下に流れ落ちるところが二ヶ所あるので、ここでボートに乗っているゲストが、帽子を吹き飛ばしてしまうことである。吹き飛ばされた帽子は、たいがい水の上に落ちて流れとともに漂っているので、それをスティックや先がUの字型に曲がっているバーで引っ掛けて取る。この作業をやるのもリードである。こういうことがあるとボート乗り場へ行き、案内キャストにボートに乗ったら「帽子を脱ぐようにもっとゲストに注意喚起してくれ」と忠告に行く。すると、そのキャストから次に来るキャストへこのことが順次伝言されていくことになる。ワーキングリードは自分の担当時間が終わると、その日の運営レポートに自分の時間帯に起こったことや、次のリードへの引き継ぎ事項を記入しておく。

ニックとはオープン担当を経験させてもらったが、次の週はジムと午後からのクロージングを一緒に担当することになった。この日はここニューオーリンズ・スクエアとベア・カントリーを担当するスーパーバイザーから連絡が入り、午後からの来園者が多くなるということだった。

ジムはアトラクション入口の外にコントローラーというゲスト対応のポジションを配置した。このポジションは、やってきたゲストの人数により待ちラインの長さの調整をすることと、待ち時間がどれぐらいになるか案内したりするのであるが、その他にも、ゲストのベビーカーを人通りの邪魔にならないところにまとめて整列しておいたり、車いすのゲストを通常とは違う方法で待てるように案内することが役目である。ジムと私はこのポジションをある程度目処がつくまで手伝っていた。

ゲストがたくさん来園して忙しいときほどいろんなことが起こるが、その日館内では乗船場でのグルーピングの仕方でトラブルが発生していた。事情は次のようなものであった。何回もこの「カリブの海賊」に来ているが、まだボートの先頭に座ったことがないという四人家族からのお願いがあった。これを聞いてグルーピングのキャストが、「それではボートを一台待ってくれますか。その次のボートで先頭の席を案内します」と言って、その四人家族を列とは少し離れたところで待ってもらっていた。そしてその次のボートが入ってきたとき、待ち列で先頭に並んでいた別の四人家族が勝手にボートの先頭の列に入ってしまった。ここで列から離れて待っていたゲストと、勝手にボートの先頭列に入ってしまったゲスト間で言い争いになってしまった。グルーピングのキャストはちょうどこのとき、他のゲストからの質問に答えていたところだったので、勝手に行ってしまったゲストに気づかなかった。コントロールタワーキャストからの通報がジムの無線に入った。

「ヘイ、ユキ、トラブルシューティング（もめごと調停）に行くぞ」と言われたので、一緒にグループ分けエリアへ行った。

ボートの先頭の席に座りたいゲストはたまにいるので、その場合の対応としてボートを一台待ってもらって案内する方法をとっていた。このことはキャストが対象となる二組のグループゲストに説明して了解してもらいながら行うものなので、今回はそのコミュニケーションが十分とれなかったことが原因である。このことをリードのジムが双方のグループゲストに丁寧に説明した。横にいた私もジムと一緒に双方のゲストに謝った。

その間もグルーピングのキャストは、次から次へとゲストをボートに案内し、また質問にもテキパキと答えている。その姿を横目でみながら、双方のゲストも完全にスッキリ納得したということではないが、まあ理解してくれてその場を収めることができた。

「カリブの海賊」での最終の一週間をジムと一緒に働いたあと、後半の次の六週間は同じニューオーリンズ・スクエアにある商品施設での研修となった。ここの商品店舗群の現場責任者であるリードのミシェルという女性から、まずここではどのような商品が販売されているのか知って欲しいと言われた。彼女はスマートで大柄で、スマイルがすごくいい。まるでカリフォルニアの青空のように明るい。「カリブの海賊」から比べると一転すごく落ち着いた仕事のように感じる。でも覚えることはたくさんあり細かい。

ミシェルのあとについていき、店舗ごとの特徴を彼女から学ぶことになった。バックヤードからパーク内のオンステージに出るところに等身大の鏡が備え付けられているが、ここで彼女はコスチュームを正して鏡に自分の顔を近づけて、ニッと笑った。

私は彼女に聞いてみた。

「ミシェル、それは何のおまじないですか」

「おまじないじゃないわよ、ユキ、これはオンステージに出る前に身だしなみが整っているかのチェックよ。ディズニーの四つの鍵の二つ目と三つ目は何だった？」

「四つの鍵の二つ目は、コーテシー（礼儀ただしさ）そして三つ目はショー、だよね」

「そう、身だしなみを整えるのは、ゲストに対するコーテシーとショー（見栄えのグッドショー）のためなのよ」

「なるほど。それじゃ、鏡に近づいてニッと笑ったのはどういうこと」

「それは、スマイルのチェック。ユキもやってみて」

私は、パークの中に入る前、つまりオンステージに出る前にさりげなくディズニー哲学を復習させられたのだ。ニューオーリンズ・スクエアのエリアに入りアトラクションの「カリブの海賊」出口近くにある店から案内された。

「ここは、ピーシーズ・オブ・エイトという店、知っているわね」

「名前は知っています」

「今回はこの店の商品をできるだけ覚えるようにしてください」

とミシェルに言われた。

改めて店内を見渡してみると、海賊の刀や鉄砲、曲がった鍵のついた義手、ドクロの黒旗、ドクロのネッカチーフ、宝箱やおもちゃの金貨、大小の船の操舵軸、帆船のミニチュア等々、海賊の雰囲気のする商品群だった。次の店、ワン・オブ・ア・カインドはアンティーク類がおいてあり古物商品店のような感じで、グルメショップは家庭のキッチンで使うさまざまな器具を揃えてある。

シルバーショップはナイフやフォーク類に加えてガラス細工が置かれているが、店内ではガラス細工職人による実演も行われている。細い透明のガラス棒を火にかざし、動物や花などの商品をその場で作っている。その他、パフュームショップやハットショップとキャンディやナッツ類を販売する二つのワゴンショップがある。

マーチャンダイズキャストとして四週間レギュラーのラインに入って、これらの店舗でキャッシャーと呼ばれるレジ係をしたり商品の品揃えをしたり、また店舗裏のストックルームで倉庫からの商品受け入れやストック棚への整理、そして店舗への品出しなど担当しながら、各店舗の商品と特徴を覚えていった。そして終わりの二週間はミシェルと一緒に、ニューオーリンズスクエアにある店舗群の運営管理に携わった。商品店舗運営はアトラクションほどゲストとのやりとりや、日々のトラブル対応といったものは少ないが、オープンでは店舗にある各レジの釣り銭がちゃんと準備されているか、商品棚はちゃんと品揃えされているかなどのチェック、そしてクロージングでは売上チェックなどが主なものだった。昨年と今年の二夏で、パークキャストとしてある程度仕事もゲスト案内もできるようになってきた。このトーキョーディズニーランド・サマー・ワーク・イクスペリエンス・プログラムは、現場でのキャスト体験と並行してディズニーユニバーシティでの座学も行われる。一年目はこのプログラムの主旨と目的を教えてもらい、ディズニーの伝統と哲学の学習をした。二年目は、リーダーシップやチームビルディング、そしてコミュニケーションなどについて学んだ。

このサマー・ワーク・イクスペリエンス中に、日本からディズニーランドに研修にやってきているオリエンタルランドの社員の人たちと何人かは知り合いになった。一緒に近くのレストランに行ったり、ウエスタンバーのザ・カーボーイズに行ったりした。ディズニーランドのすぐ横にハーバーブルバードという大通りが走っているが、向かい側はレストランが並んでいる。

二年目の夏の暑い日に、顔見知りになった富島という人に声をかけられた。「ディズニーの人と一緒に食事をするので、君も食事をしながらプライベートで通訳をしてくれないか」と言われた。私は食事ができるということで、「ハイ、もちろんいいですよ。ご一緒させてもらいます」と喜んで引き受けた。

当日は体格のがっちりした大柄で声が響く、ライアンというディズニーのヒューマンリソースマネージャーが一緒であった。

富島「今日もいい天気ですね」
ライアン「まあ、南カリフォルニアの夏はこんなもんですよ」
富島「日本の夏は蒸し暑いが、ここは湿気が少なくカラッとしていますね」
ライアン「日本には四季があると聞いているが、東京の冬はどんなものなんでしょうか」
富島「かなり寒いですよ。雪が降るときもあります」
ライアン「そうすると冬のパーク運営は、我々にも経験のないものになりますね」

富島「そうなんです。またここでは、キャストもゲストも気楽にハローと挨拶しているが、日本ではお客にこんなカジュアルな感じでは接することができないと思いますね」
ライアン「すると、我々ディズニー流のキャスト教育とゲストコーテシーが日本でどこまで通用するかわからないということになるね」
富島「パークを運営するのにたくさんのキャストがいるが、日本では全く初めてのテーマパークなので人が集まるかどうか」
ライアン「ここでは、ディズニーでのキャスト経験を職務経歴書に書けば、就職に有利という評判もあるので採用はそんなに難しくないですよ」
とまあ、こんな話が主であったが、要はここカリフォルニアと日本の天候や習慣、生活や人の気質の違いなどが主だった。最後はお互いのプライベートな話になり、いい雰囲気で話が弾んだ。私は通訳しながら、食事はしっかりと食べることができたので言うことなしである。
二年目の夏になって、八人だったこのトーキョーディズニーランド・サマー・ワーク・イクスペリエンス・プログラムは四人になっていた。コーヘイは家族と住んでいて、家がロスアンゼルス近郊なのでディズニーランドに通うのに時間がかかる。それで一年目が終わったあとに、「僕はこのアルバイトは続けられない」と言っていたのを覚えている。残ったのはテツ、サンフランシスコからの女性のアヤと男のジュン、そして私である。この四人はその日の仕事が終わったあとや、休みのときなど一緒に食事をしたり、ドライブをしたりしてかなり仲良くなった。秋学期に入りテツとは大学のキャンパスでも会うようになり、ロングビーチ校での日本人留学生会の会長を、私から引き継いでもらうことも話し合うようになった。

## 4

さて、いよいよ三年目の夏がやってきた。二年目からの四人が顔を合わせた。アヤはかわいい顔にかけている大きめの眼鏡が、三年目になってもやはり存在感がある。彼女はスピーチコミュニケーションを専攻しているだけあって、よくおしゃべりしているのか、ワールドバザールでの商品店舗キャストたちにすっかり溶け込んでいて、親しい友達もたくさんいるようであった。ジュンは控えめな雰囲気ではあるが、スリルライドアトラクションである、スペースマウンテンでの秒刻みのライドオペレーションを難なくこなしているようである。テツは持ち前のフレンドリーさで、イッツ・ア・スモールワールドのキャスト仲間と和気あいあいとやっている。

それぞれのポジションで最後の研修に入った。今回の私のOJTは、ひと夏すべてニューオーリンズ・スクエアにある商品店舗での体験である。昨年トレーニングを受けたミシェルと再会するが、彼女はワーキングリードからこのエリアのスーパーバイザーになっていた。彼女から最初の数週間はおさらいとして、マーチャンダイズキャストとして各店舗で働くように言われた。ここでの店舗は一通り馴染んではいるが、今回はワーキングリードの視点で従事した。

この中でハットショップとパフュームショップは商品販売だけではなく、キャストがゲストからの要望に応じて実演も兼ねて商品に付加価値をつける作業がある。ハットショップはミシンのようなものでゲストの名前のイニシャルを帽子の縁に刺繍する。パフュームショップは店内に各種並べてある香水の原液をいくつかブレンドして、オリジナルの香りをつくるというものである。どちらもテクニックと経験が必要なだけに、だれにでもすぐにできるというものではない。これらのショップにはある程度慣れた作業のできるキャストを配置する必要がある。

また、店舗裏のストックルームで倉庫からの商品受け入れと商品管理、そしてワーキングリードとして、その日の人員配置やブレーク（休憩）スケジュールの作成などのおさらいをしたあと、スーパーバイザー業務も経験する。担当エリアにある店舗ごとの売上管理や人件費など、店舗の特性とエリア全体での傾向を分析する。また商品の展開方法や商品棚、そして商品を並べる什器のチェック、店舗内でのゲストの安全性などを常にチェックし改善案を考えることを体験する。

このようなＯＪＴを受けている最中、オリエンタルランドから商品店舗運営の研修にきている倉本という人から私に連絡が入った。一度私に会って話がしたいということだった。お互いのスケジュールを調整して、オープン（パークオープン前からの早番）の勤務明けに会うことになった。バックヤードにある屋外のキャスト用休憩所で会ったのだが、お互いコスチューム姿だった。カリフォルニアの日差しが照りつけるなか、パラソルのある椅子に座って話をした。

「やあ君か、ニューオーリンズ・スクエアの商品店舗でＯＪＴを受けているというのは」

「はい、私はここではユキと呼ばれています。倉本さんもマーチャンダイズのコスチューム姿ですが、それはワールドバザールのものですね」

「そうだよ。私もここで研修を受けているんだ」

「いろんな人が日本から来ているのですね」

「そうなんだ。なにせ日本では今まで全くなかったテーマパークの運営だからね」

「でも土産ものや商品を売る店は日本にもたくさんありますよね」

「ところが、ディズニーランドでやっているオープンドアポリシーでの店舗運営とか、テーマ商品とかというのは日本にはない形態なんだよ」

「なるほど」

「それで私もここにやってきたんだよ。それとアトラクション運営の研修には会社も力を入れているのだが、商品店舗運営にはあまり力が入っていないのでね」

「部署により力の入れ方が違うんですね」

「まあ今は東京の方もパークの建設で、てんてこまいだからね。ところで、君は日本に帰ってくるんだよね」

「今のところはまだわかりません。フィフティ・フィフティ、半分半分ですね」

「ディズニー流の商品店舗運営を経験した人は今のオリエンタルランドにはいないので、君とワールドバザールにいるアヤさんという女性は貴重な存在なんだ」
「はい、私とオリエンタルランドに何か縁がありましたら、そのときはよろしくお願いします」

その後も暑くてカラッとしている南カリフォルニアの気候の下、私のOJTは続いた。この夏を通じてニューオーリンズ・スクエア商品店舗で働くたくさんのキャストと顔なじみになったが、その中にキャサリンという小柄な六十歳に近い年齢の女性がいた。彼女はこのエリアのキャストからニューオーリンズ・スクエアのお母さんと呼ばれていた。彼女はワン・オブ・ア・カインドというアンティーク店のレジ係であるが、豊富な商品知識と人生経験、それに何より人の良さで慕われていた。

八月も終わりに近づき三年目のサマー・ワーク・イクスペリエンスも四人それぞれに完了し、それに伴うまとめのプレゼンテーションをトーキョー・プランニング・センター（TPC）のオフィスで行った。今回は最後の研修終了ということで、TPCのスタッフたちが修了した四人に対して、ちょっとしたフェアウェルパーティを催してくれた。そのときにスタッフから、これからどうするのか、トーキョーに行くのかと聞かれた。私は「オリエンタルランドという会社と縁があればトーキョーに行くだろうが、今のところはわからない」と答えておいた。というのも、私は大学を卒業したら一、二ヶ月かけてアメリカ大陸を横断したいと密かに思っていたからだ。カリフォルニア西海岸のサンタモニカからルート66を逆に東進し、アリゾナ州のフラッグスタッフ、ニューメキシコ州のサンタフェ、テキサス州、オクラホマ州、ミズーリ州のセントルイス、そしてルート66の始発点イリノイ州のシカゴまで行く。そこからミシガン州のデトロイト、五大湖のエリー湖南岸をオハイオ州クリーブランドへ、そしてニューヨーク州バッファローに入り東海岸のニューヨークへたどり着く、というものだ。お金がないので、二〜三ヶ月ぐらいかけて行く先々でバイトをしながら、トヨタのオンボロステーションワゴンで旅するつもりでいた。

ところがセンター長をはじめビルやＴＰＣのスタッフは、僕たち四人に東京へ行くことを言葉の端々に強調していた。彼らが言うには「皆さんを採用するかどうかは、オリエンタルランドの意向次第だが、ＴＰＣとしては、四人の皆さんは東京にとって貴重な存在だと思っている」ということだった。

私たちのことはトーキョーディズニーランド・サマー・ワーク・イクスペリエンスが始まった一九八〇年ディズニーランド二十五周年の六月のキャスト用社内広報誌Disneyland Lineにも紹介されていたが、今年一九八二年八月二十六日のDisneyland LineにもIt Takes Peopleというタイトルで、このプログラムを完了した四人のことが一人ひとり紹介されていた。風の噂で聞いたことだが、このプログラムへの参加者をカリフォルニア各地で募ったところ、二百人ほどの応募者がいたということだった。まあ、さまざまな経緯があり、TPCは私たち四人を東京に行かせたいということだろう。

実は私自身も、この研修中に知り合いになったオリエンタルランドの社員の人から誘いを受けたこともあった。そのときは東京でのオープンは一九八三年の四月ということなので、私が二ヶ月や三ヶ月、アメリカ大陸を横断してゆっくり過ごしてから日本に帰っても、オープンまで十分時間はあるし、日本に帰ってから様子を見に行ってもいいかな、ぐらいに思っていた。

でも一度は東京のオリエンタルランド社にも連絡をとっておこうと思い、国際電話をかけることにした。以前パーク運営担当の神田という人から、東京にできるディズニーランドに興味があれば連絡するようにと言われ、知らされていた電話番号があったので、その番号に連絡した。出てきたのは神田ではなく、同じ部署の担当者であった。

「もしもし、こちらはオリエンタルランドですが」

「オリエンタルランド社ですか。私はアナハイムにあるディズニーランドで研修を受けたサカウエというものです」

「はい、それでご用件は何ですか」

「東京にディズニーランドが来年できるということを聞いているのですが、そこで働く人の採用はどんな状況でしょうか」

「う〜んと、現在毎週のようにたくさんの人を採用していますね」

「もし、オリエンタルランド社にお世話になるとしたら、来年のオープンまでにそちらに行けばいいですか」

「それではもう遅いですね。入社するならできるだけ早くこちらに来た方がいいですよ」

「そうなんですか」

「毎週、毎週、各部署でたくさんのポジションが埋められています。そちらでの経験をいかそうと思っているようでしたら、重要なポジションが残っているうちに来られた方がいいと思いますよ」

「そんな状況なのですか。わかりました。ありがとうございます」

と言って電話を切った。

私はカリフォルニアに来る前に大阪で会社勤めをしていたので、日本に帰るにしても大会社や貿易会社に入るつもりはなく、ここカリフォルニアの州立大学で取得したTEACHING ENGLISH AS A SECOND LANGUAGE（TEASL・第二国語としての英語を教える証書）を活かした仕事もいいなと思っていた。でも、アナハイムディズニーランドでの研修やディズニー社員の雰囲気、ディズニーフィロソフィーなどキャスト体験を通して、テーマパークを訪れるゲストがハッピーになれる、ファミリーエンターテイメントの世界をつくるのは面白そうだとも思った。このプログラムに応募したときは、一石三鳥のおいしい小遣い稼ぎだと思っていたこの仕事が、ＴＰＣによる研修と同時にパークでの貴重なキャスト体験により、私の気持ちはどうやら変わってしまったようだ。東京にここと同じものができるなら、日本でどこまでディズニーテーマパークが受け入れられ、そしてどのようなパーク運営ができるのか、自分自身でも試してみたいと思った。

大阪の実家からも早く帰ってこいとしばしば言われていたので、まあこれが一つの巡り合わせかなと思い、トヨタのオンボロステーションワゴンを売ったお金と貯えたお金でバリグ・エアラインの成田行のチケットを買った。

# 第二章　夢の国・開国前

## 1

成田に降り立った。五年振りの日本である。空港のロビーもリムジンバス乗り場もなんとなくこぢんまりしている感じがした。カートで運んできたLサイズのバゲッジを車体横の荷物スペースに入れ、リムジンバスに乗り込んだ。少し走ると、もう窓の外は緑が一杯だった。着陸態勢に入った飛行機の窓から、下を見ていたときも緑が多いなと思っていたが、こうしてバスで道路を走ってみると、小高い丘や雑木林の緑がなんと色濃いこと。南カリフォルニアでの赤茶けた砂漠地とは雲泥の差である。私が過ごした南カリフォルニアは、人が住んでいるところは樹木や芝生があり整備されているが、車で少し郊外へ出ると砂漠のように土が丸出しになっている。それに比べるとなんと心安らぐことか。

私は成田空港を出発してリムジンバスからタクシーに乗り継ぎ、そのまま千葉の浦安というところにあるオリエンタルランド社に向かった。着いたところは、何となく建設現場のような雰囲気で、プレハブの簡易建物がいくつか並んで立っていた。近くにいた人に、事務所を聞くと、すぐそこだと言って指差してくれた。そのプレハブの入口までは、小石が転がっている広場があったので、重たいバゲッジを携えて広場を横切らなければならなかった。プレハブの引戸をガラガラと開けると、人事採用と書かれた横長の案内板が天井から吊り下げられている簡易カウンターがあった。

「あの～、すみません」

「は～い、何ですか」カウンターの中から女性が出てきた。

「オリエンタルランド社に入りたいと思っているのですが、採用担当の方にお会いできますか」

「担当の者は全員出かけておりますが、お名前は何といいますか?」

「サカウエ　ユキノリ、といいます。カリフォルニアから連絡は入れてあるのですが」

「サカウエさんですね。ここに名前を書いてください」

女性から出された紙に坂上之則と書いた。

「坂上之則さんですね。ちょっと待ってください」と言って、その紙を持って事務所の奥に入っていった。そして、見覚えのある男の人が出てきた。

「やあ、坂上君だね。よく来てくれた」

「あれぇ、富島さんじゃないですか」

「そうだよ。久しぶりだね。大きな荷物を携えているが、成田から直接ここへ来たのかい」

「ハイ、そうです。東京から新幹線に乗るつもりですので、その前に入社について聞いておこうと思い、ここに来ました」

「おお入社についてだね。ええっとね、ちょっと待っててね」

と言って、一旦奥に行って戻ってきてから、

「君のことについては、もう試雇採用ということになっているよ、いつから出社できるか教えてほしい」

「ええっと、これから大阪の実家に帰って、荷物を整理したりしなければなりませんし。また、ここで働くためにはこちらでアパートを借りたりしなければなりませんので、いつからと言われても、今はちょっとわかりません」

「うん、それはわかっている。でも、できるだけ早く出てきてもらいたい」

「あと、入社に際しての面接とか試験とかはどうなるんですか」

「採用担当も忙しいのでね。出社日が決まれば、電話でもいいので改めて連絡してくれたまえ」

「はい、わかりました。ありがとうございます」

なんかキツネにつままれたような感じだが、試雇採用ということになったようである。


大阪では七十歳に近い母親と、九十歳を過ぎたおばあちゃんが待っていた。府営団地の一階にある私の部屋は、五年前のままだった。母親は無事に帰ってきたことを何より喜んでくれた。おばあちゃんは少し話がかみ合わないこともあるが、まあ之則が遠い国から帰ってきたということはわかったようだ。近くに住む親戚連中に挨拶に行き、区役所での転入届や免許証の切り替えなどの手続きが済んだら、すぐに千葉に行くと話した。詳しい事情を知らない親戚連中は口々に、

「大阪で働かないのか？　母さんもおばあちゃんも年なのに」

「せっかくアメリカの大学を出てきたのだから、神戸などにある外資系の会社でも働

けるだろ」

「わざわざ離れた千葉まで行ってカレーの会社に入らなくてもいいんじゃないの」などと言った。オリエンタルカレーという商品があるので、そのオリエンタルという名前から、事情を知らない人は単純にカレーの会社だと思っているらしい。私は、カリフォルニア留学中のアナハイムでのいきさつを話すのも面倒なので、「まあ、千葉へ行って働いてみて、どんな会社か見てみようと思う」と返事しておいた。

## 2

大阪で慌ただしく用事を済ませたあと、千葉にやってきて、会社のある浦安から東西線で二つ目の行徳というところにアパートを見つけた。そして九月の後半からオリエンタルランド社に勤務することになった。会社に勤務するといってもまだパークは建設中で、周辺の道路はダンプカーが砂ぼこりをあげて行き交っている。それもそのはず、広大な東京ディズニーランド建設は最後の仕上げの時期になっていた。

私は東京ディズニーランド運営本部商品部店舗運営課に配属されており、アドベンチャー／ウエスタンランド担当である。やっていることは、出来上がってくるであろう施設の設計図面を見て、店舗部分に色塗りをするのがメインといってもいいぐらいのものである。出勤するところは、プレハブのバラック小屋H棟である。一ヶ月前に成田空港から直接立ち寄った、あの建設現場のようなところに細長いプレハブ棟がA棟から順番に並んでいる。ランチは出前をとったり、近くの定食屋へ自転車や軽自動車で食べに行ったりする。昼の休憩時間には、プレハブ小屋の横にある砂利広場でキャッチボールやバレーボールをしたり、なかには川にかかっている近くの橋で魚釣りをしたりする者もいる。

当面の仕事は、慣れない設計図面を見て担当エリア内の施設を色鉛筆で塗り分けをすること、建設現場に行って店舗の什器や商品棚などの配置の検討、ストックルームの広さの確認などである。施設内に入るには建設担当課の許可が必要で、鉄板の入った安全靴にヘルメット、青色の作業着を着用しなければならなかった。一方、人の採用はその間も毎週のように数十人単位で、いろんな経歴を持っている人たちが入社してきているとのこと。一ヶ月単位でみると、うわさでは百人を超える人が入ってきているらしい。

二ヶ月ほど経って部内異動を言い渡された。同じ店舗運営課であるが、今度はファンタジー／トゥモローランドに配属され、メインの担当はバルーン、つまり風船の製造と販売であった。バルーンの形状はミッキーの顔をかたどったもので、卵型の顔の部分と二つの耳が一体となっている。この形状は今までの丸い単純なものではないので、定められた時間内に大量に製造するのはかなり難しい。プロダクションルームと呼ぶバルーン製造場の設備から手をつけなければならなかった。風船を膨らませるのにヘリウムガスが使われるが、そのガスを提供してもらう日本の酸素ガス会社と一緒に製造場の設備について検討していった。

次にミッキー顔型のバルーンの作り方である。風船の下にあるガス注入口から、単純にヘリウムガスを注入しても、上部にある二つの耳にガスは行きわたらない。この二つの耳部分の根本を押さえて顔部分にある程度のガスを入れ、ちょうど良い量が注入されたところでこの押さえを離す。すると両耳が膨らみ、ミッキー形のバルーンができる。ガス注入器具は開栓すると常時一定量のガスが出るので、このタイミングが大切である。少し遅れるとガスが入りすぎて、パーンとバルーンは破裂する。また、風船の素材にむらがあっても製造途中で破裂してしまうこともある。このようにバルーンを製造するには、ある程度の熟練度が必要である。製造したあと、バルーンを販売することになるが、この販売もただ単に風船を持って立って売ればいい、というものではない。私がこの担当になったとき、アナハイムのディズニーランドからバルーン担当も兼ねた商品販売のカウンターパートが来ていた。

彼はジャックといい、小太り気味で米国人にしては小柄な中年男である。バルーンに関しては年季が入っているらしく、理念から販売方法、バルーンベンダーの心構えまでことあるごとに私に説教、ではなく意義深く教えてくれた。

「サカウエさん、ディズニーランドにバルーンが何故必要だと思いますか?」

「さあ、よくわかりませんが。アナハイムではメインストリートUSAでバルーンが売られていたのを覚えています。でも、何故必要だと言われるとわかりません」

「じゃ、メインストリートUSAでバルーンを見たとき、どう感じたかな」

「う〜んと、まあディズニーらしい子供ごころをくすぐる感じだなあと思いましたね」

「それじゃ、子供がお父さんか母親におねだりして、バルーンを買ったときの様子はどうだった？」

「子供は喜んでいましたね」

「その父親や母親はどうだったかな」

「喜んでいる子供を見て、親も笑顔でしたね」

「そこなんだよ。ディズニーランドはファミリーエンターテイメントの世界、つまり親と子が一緒になって楽しむところというのは知っているよね」

「はい、知っていますよ。ディズニーユニバーシティで習いましたから」

「バルーン（風船）販売は、ファミリーエンターテイメントというウォルトの願いを商品に託して販売するのと、ディズニーという夢と魔法の世界の雰囲気づくりもあるんだ。次にバルーンの販売方法だが、この夢と魔法の世界の雰囲気を壊さないようにしなければいけないんだ」

「というと、ジャックさん何か特別な方法があるんですか」

「いやいや、特別ではない。当たり前のセンスを持っていればいいだけの話だ」

「当たり前のセンス、ですか？」

「そうだよ。例えば、朝のパークオープン時にバルーンがどんどん売れたとしよう。

そして、風船販売キャストであるバルーンベンダーの手元に風船が二つ三つしか残っていない場合、どんな感じかな」

「そりゃみすぼらしい感じがしますね」

「そうだろう。色とりどりのミッキー風船が数十本、束になっていると華やいだ雰囲気を醸し出すだろう。それを見るゲストもウキウキするんじゃないかな。その雰囲気を壊さないため、バルーンベンダーが手に持っている風船の数が一定数以下になると、ベンダーをオンステージから戻して新しいベンダーと交代させるんだ」

「そういえば、アナハイムでもバルーンベンダーはいつも風船をいっぱい手に持っていた印象がありますね」

「バルーンベンダーは単なる風船販売員ではなく、朝はパークに来られたゲストに〝夢と魔法の王国〟の雰囲気を提供し、帰りは一日パークで楽しんだ余韻を感じてもらうという役割もあるということなんだ」

「ということは、これから検討するミッキー風船の販売ポイントもそのことを考える必要があるということですね」

「その通り。売上を上げるために、パークのあちこちで売るということではないんだ。

アドベンチャーランドは冒険の国というように、パークはランドごとにテーマを持っている。だからそのテーマ性とミッキー風船の役割を自然に果たせる販売を心がけなければいけない」

「ディズニーランドは遊園地ではなく、テーマを持ったファミリーエンターテイメントを提供するところであること。こんなところから、バルーンキャストのトレーニングをやらなきゃいけないですね」

「サカウエさん、ようやくわかってきましたね」

「これから、ジャックさんと一緒に風船のセールスポイントを確定して、販売マニュアルやトレーニングツールも作っていかなければなりません」

「パークのコンセプトやテーマ性を重視すること。するとそこのエリアとしての売上が生まれる、ということを忘れないように。サカウエさんにディズニーのイロハから説明しなければならないとは、いやぁこれから先が思いやられますね」

　と、大げさに肩をすくめてニッコリした。

「どうも、すみません」

「ディズニーユニバーシティで習ったことを知っているだけでは意味ありませんよ。

それを、日常のパークオペレーションで日々活用していくことが求められます」

ことあるごとにこんな話し合いを繰り返しながら、セールスポイントはゲストが最初に東京ディズニーランドに足を踏み入れるワールドバザールがメインになること。そして、シンデレラ城を抜けたところに位置するファンタジーランドもテーマ性にあっているので、このエリアでもセールスポイントを作ることにした。販売マニュアルは米国のものをベースに作った。プロダクションルームでの製造方法から、セールスポイントへの行き帰りのルート、どれぐらいの風船の数になればバルーンベンダーは交代するのか等々、東京の作りに即して修正追加していった。

バルーンキャストのトレーニングツールについては、ファミリーエンターテイメントの解説から入り、安全・礼儀正しさ・ショー・効率などパークでの運営哲学をもとに、ミッキー風船の製造から販売、売上報告まで一連のものが必要だった。バルーンキャストの心構えとして、パークに来られる大人から子供まですべてのゲストはVIPであるということ、販売のときは目線を合わせること、同時に自然な笑顔を心がけることなど、大切な要素として強調した。

## 3

商品販売をする店舗運営課には、小売業やスーパーでの販売経験者や百貨店などからの中途採用者がたくさん入ってきている。実際の店舗を切り盛りする現場監督職のスーパーバイザーには、日本の小売を実践してきた中堅の人たちが集まっている。米国ディズニーからもジャックのように、マーチャンダイズ部門からもたくさんのカウンターパートが東京に来ており、一緒に仕事をすることが多い。ワールドバザールでの大型店舗や、テーマランドごとにある店舗コンプレックスなどでの販売方法について、日本側のスーパーバイザーと米国側のカウンターパートが、一緒にミーティングすることがある。このときは米国側からの招集で、商品販売におけるディズニーフィロソフィーと、オープンドアポリシーやソフトセルなどについて、その考え方や販売方法の説明と話し合いがあった。米国側は女性スーパーバイザー二人とジャックが出席し通訳が二人、日本側はパークで店舗運営するほとんどのスーパーバイザー、私も含め男女合わせて三十人ほどが出席した。メインになって話をしたのは、大柄で目のくりくりっとしたパットというワールドバザール担当のスーパーバイザーと、小柄なメアリーである。まずパットから話を始めた。

「これから皆さんに説明するのは、ディズニーが培ってきたテーマパークでの商品販売方法であることを断っておきます」

「日本には伝統的な商習慣がある、ということは聞いていますが、パーク内はディズニーの世界を具現化した、『親と子が一緒に楽しめる場所』というファミリーエンターテイメントを提供するところです」

「ですから販売する商品もその販売方法も、そのコンセプトに沿ったものでなければいけません」

「パーク内には、アトラクションやショー、そしてパレードといったエンターテイメントがあります。パークに来られたゲストは、これらを楽しみながらお腹がすいたり喉が渇いたりすれば、レストランなどのフード施設で飲食します。そして、パークで楽しんだ思い出の品として商品を買って帰る、商品販売はそうしたゲストの心理的なニーズに応えるためのものでもあります」

「パーク内では店舗施設と販売商品も、ショーの一部を担っているということを忘れてはなりません。ですから店舗運営も、SCSEが重要です」

「つまり、安全な商品が安全な店舗で売られていること。これが最初のS（セイフティー）で、次に商品を売るマーチャンダイズキャストは、フレンドリーで礼儀正しく振る舞うこと、これが二番目のC（コーテシー）で礼儀正しさ、品揃えをきちんとし商品補充も滞りなくやることで店内のグッドショーを保つこと、これは三番目のS、ショーにあたります。これらのことができておれば、ゲストは気持ちよくスムーズにお土産を買うことができます。つまり四番目のE（エフィシェンシー）は効率にあたります。このようなディズニーの運営哲学を忘れないようにしてください」

ここまで一気にパットが説明をしたところで、もう一人の小柄で可愛い、しかし毅然とした感じのメアリーが立ち上がり、パットと交代した。

「パットが説明した今までのところについて、質問はありませんか?」

と言ってメアリーは、会議室を見渡した。座って聞いている日本のスーパーバイザーたちからは、だれも質問は出なかった。質問は出なかったが、部屋の後ろのほうでひそひそ声がしていた。

「それでは次に私から店舗販売について、二つのことを簡単にお話しします」

と言って今度はメアリーが話した。

「最初はオープンドアポリシーについてです。商品販売店舗はパーク開園と同時に店のドアはオープンし、閉園までそのままです。これを私たちはオープンドアポリシーと呼んでいます」

「その理由は第一に、『パークに来られたゲストを歓迎しています』という意思表示です。ドアをオープンにしておくことで、どなたでも自由に気軽に店に入ることができます」

「また、店の扉が開いておれば、例えば両手に荷物を持ったゲストがいても、そのまま入店できます。ここにもSCSEのフィロソフィーが取り入れられています。つまり、扉の開閉による不安全なこと、手を挟んだり体をぶつけたりするのを防ぎます。ゲストを歓迎するという意味でのドアオープンですが、店が複数集まっている店舗コンプレックスでは、ゲストは知らない間に隣の店舗に入っていて、いつの間にか異なる商品を目にするという誘導効果もあります。また通りすがりのゲストにとっても、どんな店なのか外から商品を垣間見ることもできます」

「次にお店に入られたゲストへの対応です。入店されたゲストに、キャッシャー（レジ係）も含めて店内にいるキャストはコンニチハと声をかけるのは当然ですが、ゲストが自由に店内や商品を見て回れるよう目配りする、というのが大切です。そして商品補充係など店内にいるキャストはゲストから声をかけられれば、そのことについてお答えするというのが基本です。決してこちらから、商品を売り込むようなことはしません。それはゲストを現実の世界に戻してしまうからです」

「またゲストからの質問には、商品だけではなくパークに関するものも多くあります。ですからキャストは正しい商品知識に加えて、その日のパークイベントや周辺店舗についても答えられるようにしておくことが大切です」

「このように、ゲストからの質問や問いかけに答える形で商品を紹介すること。夢と魔法の国でのショッピングという意識で店内のゲストに目配りし、必要なサポートをすること。こういうことが私たちのソフトセルです」

ここまでメアリーが話すと今度はジャックが立ち上がり、聞いていた日本のスーパーバイザーたちに向かって、

「今、パットとメアリーが紹介したことは、ディズニーテーマパークにおける商品店舗の基本的な考え方と販売方法ですが、その他にもまだまだ日本の伝統的な販売方法と異なることがあると思います」

「ここからは、皆さんの質問や疑問点などに答えながら、ディズニーウェイを理解してもらうための話し合いの時間にします。なんでもいいので遠慮なく聞いてください」

と言って会場の前にある長テーブルの椅子に、ジャック、パット、メアリーが座った。しばらくの間、会場はシーンとしていた。様子をうかがっていたジャックが、日本でのショッピングについて話した。

「つい最近、東京にある百貨店に行ってショッピングをしました。マフラーや手袋などを見て回ったときのことです。店員さんは丁寧に挨拶をしてお辞儀をしてくれました。そして、神妙な顔をして私の少し後ろからついてきて、私があるマフラーを手に取るとすぐさま近くに来て、商品の説明をしてくれました」

「私は、これが日本のカスタマーサービスなのだなと思いました。お客を敬っていると思うのですが、いろんなマフラーを手に取ってみようとしても、その店員さんのことが気になり、私は窮屈な感じがしました」

「これは私だけの感じかもしれませんが、皆さんはこのようなカスタマーサービスをどう思われますか」

ジャックは会場に集まっている人たちに発言を促したが、このときもすぐさま会場の中から声を上げる人はいなかった。すると、後ろのほうから女性の声がした。しかも英語での発言である。

「ジャック、それは百貨店という形式の異なる販売サービスですよ。ある意味、パーソン・トゥ・パーソン、つまり一対一の接客方法だと思います」

このことを、正面テーブルの後ろに座っていた通訳が翻訳した。

英語のしゃべり方、その声から私は、「あれっ、彼女はアヤではないか」と内心驚き後ろをみて確認した。間違いないアヤだ。

「なるほど、マスイさんの言う通りかもしれません。でも、ディズニーテーマパークでもゲストと相対するときは、キャストとのパーソン・トゥ・パーソンの接客になるのではないですか」

これを聞いて私も思わず英語で発言してしまった。

「パーソン・トゥ・パーソンだとすると、挨拶は大人と子供によって使い分けることになるのですか。大人だと、『いらっしゃいませ』で子供だと『コンニチハ』といったように」

「ああ、サカウエさんですね。挨拶については、パットから回答します」

ここであわててもう一人の通訳が、私とジャックの言葉を通訳した。そしてパットからの説明。

「日本では、お店に入ってきたお客さんに『いらっしゃいませ』という言葉を使うようですね。それはお客さんを敬う意味をこめた伝統的な言葉遣いだと聞いています。しかし、パークは日常から離れたフレンドリーな場所でもあるので、大人にも子供にも『コンニチハ』という親しみやすい言葉をかけます」

このことが呼び水になって、会場からポツリポツリと疑問点のようなものが出てきた。ある小売業で販売をやってきた中堅のスーパーバイザーは、

「店舗で働く従業員は、自店舗の商品知識を知り販売することで精いっぱいなのに、隣接する他店舗のことや、パークのイベントのことまで案内する必要がありますかね」

と疑問のような質問も出てきた。通訳は一人が英語を日本語に訳し、もう一人が日本語の質問を英語に訳した。その英訳を聞いてメアリーが答えた。

「パークに来られるゲストは、ミッキーやミニー、ドナルドなどのディズニーキャラ

クターたちと会ったり、アトラクションで楽しんだり素敵なエンターテイメントショーをみたりして幸せな時間を過ごすためにやってきます」

「先ほどパットも言いましたが、商品店舗も商品も『夢と魔法の王国』を形作るものの一つです。店舗単独で存在するものではありません。ゲストに幸せな時間を過ごしてもらうためのサポートは、パーク内のどのキャストにとっても大切な仕事の一つです。ゲストは、楽しい幸せな時間を過ごした思い出の一つとして、商品を買って帰られるのではないでしょうか」

日本側のスーパーバイザーも、ようやくあちこちから質問やら自分たちの考え方などを言葉に出し始めた。別のスーパーバイザーは、

「商品の売上は店舗ごとのものですよね。販売員は自店舗の商品を来店されたお客さんに説明するのは当然で、そのことがお買い上げにつながるのではないでしょうか」

今度はパットが答えた。

「ゲストから商品について聞かれたときは、もちろん丁寧に説明しなければなりません。しかし、商品購入を目的にパークに来られるゲストは、ごく少ないのではないでしょうか。商品は、ディズニーの世界をパークで体験し楽しむためのグッズであり、

また楽しんだ思い出の一つとして購入される、というものだと考えています」

こういったやりとりがそれからしばらく続いて、この説明会は終わった。

そして、終わったあとに私はアヤと久しぶりに再会した。お互いパークオープンの準備で忙しく、今まで不思議なぐらい会う機会がなかった。彼女はアナハイムでの研修のときとは比べものにならないぐらい、きりりとした雰囲気になっていた。アヤと懐かしいね、などと話していると、通りがかったパットが、「ハーイ、アヤさん」と声をかけてきた。パットとアヤは懇意にしているようだ。

メアリーもジャックも一緒だった。この三人を含め、五人で仕事やプライベートのことなど少しの間、雑談して別れた。

会議室の外へ出たところで、私は二人の男のスーパーバイザーから呼び止められた。沼口という人からは、

「アメリカ側と正式な会議の場で、直接英語で話すなよ。通訳を通さないと、あとで何をいったかどうか確証がとれなくなるぞ」

という忠告を受け、もう一人の永井という人からは、

「英語を話せるからといって、向こうの連中と個人的にみんなの前で親しくするのは

どうかと思うよ。日本側として印象良くないぜ」

などと、忠告のような警告のようなことを言われた。

私はこのとき、日本側対アメリカ側という雰囲気があるのを感じた。さらに、英語でカウンターパートと話すことも、日本のスタッフには生意気にみられるんだということを実感した。

そう言えば、英語をそのまま日本語にしたカタカナ言葉をよく使っていることに、私は気がついた。これは気をつけなければいけない。

マスイさんことアヤと、もう一人アナハイムで一緒に研修したジュンのことにふれると、アヤは商品販売課ワールドバザールのスーパーバイザー、ジュンは運営部トゥモローランドのスーパーバイザーとして、スペースマウンテンのオープニング作業に関わっている。今年の九月以降、日本に帰ってきて仕事についてからはそれぞれに忙しく、三人は一緒に会う機会がなく過ぎている。もう一人一緒に研修を受けたテツは、当初オリエンタルランドに入る予定だったが、結局外資系の保険会社に就職した。

## 4

一九八二年も押し迫った十二月の末に、店舗運営課の課長倉本から事務所に呼び出された。いつもは気難しい顔をしていることが多い倉本だが、このときは笑顔だった。

「失礼します。坂上です」

「おお君か、まあこっちへきたまえ。今日は君に知らせたいことと渡すものがある」

「ハイ、何でしょうか」

私はこんな時期に何を知らされるのか、課長から直接渡されるものって何なのか怪訝に思った。

「坂上くん、君は試雇採用が解けて今日から社員に採用された。店舗運営課のファンタジーランド／トゥモローランドのスーパーバイザーで主任待遇を命ずる。これがその辞令だ」

と言って珍しくにこにこしながら、基準賃金やら職位が仰々しく書いてある辞令書を渡された。私はありがとうございますと、まずお辞儀をしてお礼を言った。倉本はそれから、近くにある折り畳みのパイプ椅子を私に指さして、これに座りたまえと言った。

「坂上くん、これから東京ディズニーランドは来年四月のグランドオープンに向けて、まだまだ忙しくなる。さらにパーク運営についてはアトラクション、商品販売、飲食フードとゲストサービスについてアメリカ側から厳しい要求が出されている」

「はい、スーパーバイザーたちの噂から感じるものがあります」

「そうだろう。それに加えて商品販売と店舗運営方法、人の扱い方、パークではキャストだがそのキャストの扱い方などについて、これからアメリカ側と日本式に慣れた我々のスーパーバイザーたちとの軋轢も表面に出てくると思う」

「以前アナハイムのパークで研修を受けていたときに、日本にはアメリカのディズニーランドをそのままスコップで掘り出して移植したようなパークを作る、という話を聞いたことがあります」

「ディズニーランドはアメリカ文化を代表するものの一つだし、パークを運営するにあたっては本家本元のディズニーウェイを日本でも実践しなければならない。しかし、パークに来るお客さんは日本の人たちだ。アメリカのやり方がそのまま受け入れられるのは難しいかもしれない。また、日本の商い感覚も日本人に合った良いところもあるのだよ」

「坂上くんは、ある意味その両方を体験することになるのだから、板挟みになることもあるだろう。めげずにやってもらいたい」

このときには、倉本の笑顔は消えていた。

# 第三章　「夢と魔法の王国」開国

## 1

一九八三年の年が明けた。私はバルーン販売についての準備作業が一段落していたので、年明けからはファンタジーランドに位置する、ガラス工芸品店舗の内装仕上げをメインに担当することになった。この店はパークのシンボルであるお城の中にあり、装飾品やアクセサリーなどが売られる店である。店内ではガラス細工や象嵌細工の実演も行う予定で什器の配置や内装を進めてきていたが、この時期になりスケジュール通り内装作業が完了するかどうか微妙になっているとのことであった。

ファンタジーランド、トゥモローランドにはディズニーキャラクター商品をメインに売る大型店舗がある。それらの店舗に比べ、このガラス工芸品の店はそんなに大きくないのだが、何故内装工事が予定通り進んでいないのかわからなかった。ただこの店で実演をし、販売する商品を提供するのはフロリダに本社のあるスペイン系の会社であること、そして内装の指揮をとっているのも、そこからの人たちであるということだった。まず、内装を指揮しているダニエルという大柄な中年の男と工事中の店内で会うことにした。

「ダニエルさんですね。私はサカウエと言います。今回この店のスーパーバイザーとして一緒に仕事をすることになりました。よろしくお願いします」と英語で挨拶をした。

「やあ、サカウエさんですね。クラモトさんから聞いています。あなたはこの店をスケジュール通りにオープンさせるため、私たちのヘルプをしてくれるということですね」

ダニエルの英語は癖がなく普通の米国英語だった。というのはラテン系で英語を話す人の中にはかなり癖のある英語を話す人もいるので、うまく英語でコミュニケーションがとれるかどうか少し不安でもあった。

「ヘルプということもありますが、店の運営マニュアルと人員配置など、店舗運営に関わることも含めてダニエルさんと一緒に進めていくように言われています」

「そうですか、まず内装のことから始めましょう。店舗内装については、建設担当の人と私たちとのコミュニケーションがうまくとれていないようなので、サカウエさんは建設担当の人と連絡をとってください」

「それは承知しています。これから連絡をとるつもりですが、どうしてうまくコミュニケーションがとれないのですか？」

と私が思っていた疑問をぶつけてみた。するとダニエルは、

「その担当者とのやりとりは通訳を通してやっています。パーク内とバックヤードの工事が仕上げの段階に入っているので、担当者も忙しくまた通訳の確保もうまくいかないらしい。それで必要なときに打ち合わせできないことが多いからなんだよ」

と断定的に、そして上から目線で言われた。

「わかりました。これからスケジュールに遅れることなく、内装が終わるようお互い協力してやっていきましょう」

初めの挨拶からいきなり具体的な仕事の話になった。彼からは何かいら立ちのようなものを感じた。

さっそく建設部署に連絡をとったが、その日は担当者を捕まえることはできなかった。後日、ファンタジーランド工区の現場事務所に行き、ガラス工芸品店舗の担当者を教えてもらうことにした。この現場事務所も他の工区と同様でほとんどの人が出払

っており、事務所には事務の女性が数人いるだけであった。私は一人の女性にガラス工芸品の店の担当者と連絡をとりたいと頼んでみた。すると彼女は無線で連絡をとってくれた。たまたまファンタジーランド工区の主任の人と連絡がとれたので、私はその現場事務所で待つことにした。

ほどなく工区主任の人が二人連れで事務所に戻ってきた。二人とも濃紺の作業着でヘルメットを被っていた。工区主任の人から声をかけられて、私は担当者の長谷を紹介してもらった。長谷は事務所内の自分のデスクに私を連れていき、ガラス工芸品の店舗図面を取り出し机の上に広げた。

「それで今日はどんな用事なんですか」と挨拶もほどほどに、長谷が話し始めた。

「ガラスの靴の内装工事を進めていくうえで、店舗側の窓口も兼ねてこれから長谷さんと連絡をとり合っていきたいと思っています。工事日程が遅れているということですが、店舗の仮オープンに間に合うよう、これからどのようにやっていけばよいか相談に来ました」

「ああ、そのことね。どのような内装にするのか話が決まれば、内装工事そのものに問題はありません。日本の業者も技術力はありますから」と言ってから、

「でも、あの店は工事の変更が結構あるんですよ。それに、ダニエルさんと話すときは、ちょっとしたことでも通訳が要るので、タイムリーに打ち合わせができないんです」と建設側からの事情を話してくれた。

「今、店側と建設側で話し合いが必要なものは何でしょうか」

「大きなものとして、ガラス細工実演のガス配管をどうするか、ガラスカッティング実演の電気配線の仕方、それに最近変更になった商品展示壁什器のベルベット生地の決定というところですね」

と机上に置かれた図面でそれらの位置を指し示しながら教えてくれた。

「わかりました。これからは長谷さんと私とで連絡をとり合いましょう。ダニエルには私から連絡します」

長谷から指摘されたことを後日ダニエルに伝えた。するとダニエルの方も自分の都合を少し話してくれた。それは、店の工事状況を自分たちの米国本社に報告しながら進めているため、本社の意向もあるということだった。その後小さな変更や確認事項は、その都度店舗内でダニエル、長谷、通訳を兼ねて私の三者で行った。しかし長谷が指摘した大きな変更の工事や、新たな事項については必ず通訳を交えて進めた。以前ディズニーのカウンターパートと日本側のスーパーバイザーたちとの会議で直接英語で話したとき、日本のスーパーバイザーから「通訳を通さないと何を言ったか、あとで確証がとれなくなるぞ」と注意されたことが私の頭の中にあったからだ。そして、私が関係した話し合いの内容は、日付と打ち合わせした人の名前入りでノートにメモを残すようにした。

## 2

メインのガラス工芸品店舗以外にもやることはある。ファンタジーランド、トゥモローランドエリアで勤務する社員の月間シフトスケジュールを作成し、米国カウンターパートと共有すること。社員のエリアミーティングに出席して、担当店舗の準備進捗状況や問題になっていることの報告、エリアとしての課題事項の話し合いなどである。

ファンタジーランド、トゥモローランドにある他の店はスケジュールに合わせて、商品配置や店舗裏ストックルームのレイアウト、それにレジの実地練習など、キャストと呼ぶ店舗運営員も忙しくなっていた。この頃、その社員キャストたちからよく耳に入ってきたことがある。ディズニー研修で学んだ、チームワークを大切にすることや、お互いスタッフの意見に耳を傾けることなど、若いキャストは柔軟に受け止めて仕事をしようとしているが、あるスーパーバイザーは高圧的で軍隊のようだ、というものである。

店舗の仮オープンまで一ヶ月足らずになった。いつものように社員参加の定例のエリアミーティングを行っていた。永井スーパーバイザー担当店舗の男性キャストが報告しているときに、彼が口をはさんでそのキャストのことを批判し始めた。彼は以前働いていた大手量販店のやり方が色濃く残っているようである。人の欠点を批判して、奮い立たせると同時に上役の言うことに有無を言わさず従わせ統率をとる、そんなやり方をしている感じを受けた。彼の批判はそのキャストのみならず、同じ店舗の他の女性キャストにも及んだ。このときには、ミーティングに参加している全員が彼に怒られているような感じになった。小柄な体格ではあるが、声は鋭くよく通る。私は、彼の自分本位な見解と批判だけの何も建設的なものがない言動に、思わず言葉が出てしまった。

「永井スーパーバイザー、このミーティングはキャストを糾弾する場ではないですよね。パークの仮オープンを間近に控え、このエリアの店舗を予定通りオープンさせること。ディズニーテーマパークとしての店舗運営をするための話し合いですよね」

私も感情が入っていたので、早口でつっけんどんになっていたと思う。言い終わったと同時に、ああ、やっちゃった、言っちゃったと思った。その後、すぐに永井スーパーバイザーが何か言ったようだ。それを受けて他のスーパーバイザーの発言があり、また別のスーパーバイザーが持論を言うなど会場はざわついた様相になった。私は内心、出すぎたことをしてしまったのではないか、と自省の念に駆られていたので、その後の詳細は耳に入ってこなかった。

翌日私はファンタジーランド、トゥモローランドエリアの店舗統括をしている井沢からエリアオフィスに呼ばれた。これは昨日のことだなと思い、まず謝ることにした。

「昨日はどうもすみませんでした。不用意に感情的な発言をしてしまいました」

「そうだ、そのことだよ。昨日のミーティングは活発な意見のやりとりができたんじゃないか。日頃皆が思っていたことを言い合えたと思うよ」

「私は、昨日のミーティングを混乱させてしまったと思っているのですが」

「う～ん、まあ、ある意味混乱したんだろうね。でもさあ、今まで自分たちが経験したことのないテーマパークの中で、生活とは関係ないディズニー商品を売るということに誰もが手探りの状態だ、ということがわかったんじゃないか」と言いながら井沢は、オフィスに置いてあるコーヒーサーバーから、紙コップにコーヒーを注いで私に手渡してくれた。

「そうだといいんですが。私は小売や商品販売の経験がないので、日本の百貨店や、量販店出身の経験豊かな人たちと比べると未熟者だと思っています」

「確かにそういった経歴のある人たちはいるが、その経験が必ずしもすべてここで通じるということではないと思うよ」と井沢は前置きしてから、

「君は事あるごとにチームワークだ、声をかけ合うことが大切だ、それがコミュニケーションのベースだ、などと言っているよね。そのことにスーパーバイザーの中には『坂上は商売を知らない青二才だ。ディズニーだといってもここは日本だ』と言っている者たちもいる。しかし、ここでは日本流が主流ということでもないんだ」と言ってから、「それで今日君を呼んだのは、あまり周りのことを気にしすぎるな、と言いたかったからなんだ。商品販売課にもいろんな経歴の持ち主が集められているが、君

もディズニー経験者という経歴の持ち主だということだからな。そのことを忘れるな」

「はい、ありがとうございます」

昨日から心をふさいでいたものが、少し晴れた気持ちになった。しかし、これからのことを考えるとまだまだ心は重い。

## 3

三月に入って間もなく私は商品事務課の事務所に呼ばれた。バックヤードにあるこの事務所も担当ごとに机の島ができており、ようやく普通の事務所らしくなっていた。窓際に位置している倉本課長が私を手招きしたので、そちらへ行くと以前のように机の横のパイプ椅子に座らされた。

「どうだい現場の仕事の方は。仲間のスーパーバイザーたちともなれてきたかな」

「はい、日々いろんな経験をさせてもらっています」

「井沢君からの話も聞いているよ。人の好さそうな君も、時には自分の意見を皆の前で言うこともあるんだね」

「はあ、まあ思い余って口に出てしまうことがありますので、これからは落ち着いて自分の意見を言えるようにしなければいけないと思っています」

「今はまだまだいろんな人が、それぞれ自分の経験をもとに仕事をせざるを得ない状況だろうからな。でもディズニーのカウンターパートたちからは、フレンドリーでハッピーな夢と魔法の国を感じさせるキャストの育成をやるように言われているんだ」と言ってから、「坂上くんには来週から、店舗運営課に入ってくるキャストのトレーニングと、課全体のマニュアル担当をやってもらいたい。これが辞令だ。商品部店舗運営課主任ということで、君の席はこの事務所になる」

　私はキョトンとしていたのだろう。倉本は人事異動の辞令を私に渡すと、女性事務員を呼んで私の席を案内するように指示した。

　昨年の九月末に入社してから、この六ヶ月の間にこれで三回もの担当替えになる。初めはアドベンチャー／ウエスタンランドエリアに配属され、次にファンタジー／トゥモローランドエリアのバルーン担当からガラス工芸品店舗の担当、そしてこれからはトレーニングとマニュアル担当である。パークはこの時期になるとメインのアトラクション、飲食施設、商品販売施設はほとんどテスト運営を行っていた。また清掃を担当するカストーディアルキャストも、米国ディズニーランドからのカウンターパートたちと、トイレや施設ごとの特徴をチェックしていた。アトラクションのメンテナンスと運営、飲食施設、商品販売店舗など、それぞれに運営方法のシミュレーションを行い最終点検に入っていた。その一環として、グランドオープンまでにスポンサー企業関係者や、浦安市民の人たちを対象にしたパークの体験運営を行い、準備を整えていった。

一九八三年の四月十五日。東京ディズニーランドグランドオープンの日である。あいにく小雨の降る天気であるが本社部門は早朝から慌ただしく、広報メディア関係者がたくさんパーク内を動き回っていた。関係者が立ち会うなか、ワールドバザール中央に設置された台上に二人の大柄な人が上がった。オリエンタルランドの社長とディズニー社の会長である。

八時過ぎからこの二人によるテープカットセレモニーが行われ、いよいよ社長がパーク開園宣言を行う時間になった。ざわつきが静まり、社長の声が響いた。東京ディズニーランド建設と準備に関わった人たちはこのときを待ちわびていただろう。私もこの半年余りのことがふっと思い浮かんできた。

そして耳に入ってきたのが、「一九八三年四月十五日、ここに東京ディズニーランドの開園を宣言します」という、社長のきりりとした力強い言葉だった。その瞬間歓声が上がり音楽も鳴り響いた。大柄な社長がさらに偉丈夫に見え、後ろ姿が雄々しく輝いているようだった。

社長の開園宣言を聞いたあと、改めてパークの風景に目をやった。ワールドバザールのパーク側のアーチと、そこから見えるシンデレラ城が一段と美しく見えた。そして「さあ始まったぞ」と思った。

## 4

パークで働く従業員のことをキャストと呼び、東京ディズニーランドというテーマパークに来られるお客さまのことをゲストと呼ぶ、そして私たちキャストはゲストに幸せな気分になってもらうためのおもてなしを心がける、ということをディズニーユニバーシティで教えている。パークキャストとして入社してきた人たちを、アトラクション運営や飲食フード、私たちの商品販売店舗やパークの清掃を行う各部門に配属になる前に、社内全体の研修でこのようなディズニーウェイやフィロソフィーを学習させる。そして各部門の研修をディビジョントレーニングと呼び、配属された部門の特徴をディズニーフィロソフィーに沿って具体的に教えるのが、部門教育担当者の役割である。

私は商品部のキャスト研修であるディビジョントレーニングの構想を練るのに、アナハイムのディズニーランドで受けた研修やパークで指導してもらったトレーナーたちのことを思い起こした。彼らは口癖のように次のようなことを言っていた。「ディズニーランドは単なる遊園地ではなく、ディズニーの世界を体験できる巨大なステージである」

「だからパークで働く我々は、舞台上の役者という意味でキャストというんだ」とか、「パークは大人も子供も一緒に楽しめるファミリーエンターテイメントを提供するところである」そして「我々の提供するファミリーエンターテイメントを通じて、パークに来られたゲストに幸せな気持ちになってもらうことが大切なんだ」といったことが思い出された。お客さまをゲストというのは、巨大なステージであるパークに招待した観客という意味でゲストと呼んでいるのである。さて、私の手元には米国からのマーチャンダイズキャスト・トレーニングという資料がある。ひな型としては使えるが、ほとんどのゲストが日本人である東京ディズニーランドで、どのようにディズニーフィロソフィーを実践していくか大きな課題である。

手始めとして、米国からの資料をベースに東京でのやり方に合わないところを修正し、トレーニングをしながら現場との整合性を見ていくことにした。パークが正式にオープンし、準社員と呼ぶパート・アルバイトのキャストをどの部門もたくさん採用していた。私は新人キャストがどのように現場で育っていくのか見るために、時間をつくってパーク内の商品店舗を見て回っていた。ワールドバザールは、二十世紀初頭のガス灯があったアメリカの風情を再現した街並みで、このエリアで従事するキャストはその時代に合った縦のストライプ柄や、ロングスカートなどの衣装を身に着けている。どこからともなく耳に入ってくるラグタイム・ピアノ音楽が、その雰囲気をいっそう醸し出している。

ある朝、開園したばかりのワールドバザール内を見て回っていると、ロングスカートに身を包んだ新人らしい女性キャストが、入園してきたゲストに元気に挨拶していた。「おはようございます」と彼女が自分の近くを通るゲストに声をかけていた。近くを通るゲストは、その声で彼女の方を見るが、ほとんど無言で通り過ぎていった。

彼女は「おはようございます」と声をかけ続け、ゲストの流れが一段落すると店舗内に入っていった。なかなかいい感じである。おそらく店舗内でも、ゲストにこのように挨拶しているのだろう。その日の午後、たまたま時間ができたのでもう一度ワールドバザールに行ってみた。ワールドバザールのメインストリートも店舗内もゲストでざわついていた。ディズニーキャラクターを売っている大型の店舗に入っていくと、キャストが元気な声で今度は「コンニチハ」と声をかけていた。挨拶をするということが実践されているなと思っていると、私のところに紳士然とした一人の年配男性が近寄ってきた。

「君はここの関係者なのかな」としわがれ声で呼びかけられた。私は私服のブレザー姿だが、胸にディズニーの名札を付けているのでそれが目に留まったのだろう。

「はい、そうです」と答えると、その年配の男性は咳払いをしてから、

「ここのスタッフは入口でもお店でも掃除係も皆、お客にコンニチハと挨拶しているが、おかしいと思わないか」

「はあ、と言いますと、どういうことでしょうか」

「コンニチハというのはお互い対等な人どうしが使う言葉で、お客と店員の間で使う言葉ではないだろう。我々客には、いらっしゃいませ、というべきなんじゃないのかい」

　これは苦情を言おうとしているのだろうと思い緊張が走った。

「それは失礼しました。もちろんお客さまには、いらっしゃいませという言葉が適当だと思います。ただ、ここは大人の方も子供さんも一緒に楽しんでいただけるよう、フレンドリーなパークを目指しておりますので、挨拶の言葉もそのフレンドリーさとお客さまへ声をかけたあと、コミュニケーションがとりやすいコンニチハにしております」

　とここまで私が言うと、その年配男性は、

「いやいや私は苦情を言っているのではないんだよ。ここは日本に初めてできたアメリカのパークという触れ込みでやっているのは知っているよ。でもアメリカ方式というのが、日本人にどれだけ受け入れられるのか興味があってね。私のような年配の者が失礼じゃないか、と思わないような言動を心がけてほしいものだよ」

「はい、ご忠言ありがとうございます」

「コンニチハが失礼な言葉というのじゃないんだよ。若いスタッフが見たこともない衣装の制服を着て、元気に挨拶しているのは気持ちのいいもんだ。でもねぇ、だれかれ構わず空中に向かってただ声を出して挨拶しているのは、私にはどうかと思うんだよ」

「わかりました。貴重なお話ありがとうございます」

「私は古い人間かもしれないが、まあ気になったのでね」と言って手を振って店から出ていかれた。

その後、私は他の店も見て回り、今度はキャストの動作もじっくり観察してみた。どの店のキャストも挨拶する元気な声は聞こえるが、誰に向かって言っているのかわからない、なかには商品棚の品揃えをしながら、顔は棚に向いたままで挨拶しているキャストもいた。なるほど、これではフレンドリーさやコミュニケーションのきっかけなどとは程遠いなと思った。事務所に戻り私は次のようなノートをとり、これからのトレーニングに取り入れることにした。

・「おはようございます」「コンニチハ」「今晩は」と挨拶するときは、挨拶するゲストをちゃんと見ること。そのことでゲストは自分に挨拶をしてくれているのだなとわかる。

また偶然に目があったゲストにも挨拶をすること。

・ゲストをちゃんと見る、ということは目線を合わせるということ。

ゲストの目を一瞬見て声を出す、このことで私はあなたを認識しましたよというメッセージにもなる。大勢いるゲストのマス対応の中での個別対応になる。

・挨拶は周囲のゲストにも聞こえ雰囲気を伝えるものなので、明るい笑顔ですること。なぜなら明るい笑顔は自然に明るい声になるから。

・「おはようございます」「コンニチハ」「今晩は」の挨拶はコミュニケーションのきっかけ。挨拶をしたあとに何か一言付け加える工夫をすること。例えば、「おはようございます。今日は良い天気ですね。ごゆっくりお愉しみください」「コンニチハ。ようこそ東京ディズニーランドへ」という感じである。

また、商品棚をキョロキョロ見ているゲストがおれば、「コンニチハ」と挨拶してから「何かお探しですか」と声をかける。

・挨拶をしたときに、ゲストから反応があれば簡潔に応対し最後に「行ってらっしゃい」を付け加える。例えば、

「コンニチハ。ようこそ東京ディズニーランドへ」とキャストが挨拶したときに、「きょうは、初めてのディズニーランドなんですよ」とゲストが言ったとすれば「そうですか。初めてなんですね。ごゆっくりお愉しみください。行ってらっしゃい」

この最後の項目については、初めの挨拶があれば見送りの挨拶もあるだろうというのが、私の感じたことだ。初対面のキャストとゲストがカリフォルニア・アナハイムのパークのように、ここまでフレンドリーなやりとりができるようになるには、まだまだ時間がかかることだろう。それより東京ディズニーランド自体が、どのように受け入れられていくのか。果たしてディズニー式のテーマパークが日本でやっていけるのかどうか、世間の評判や動向はまだまだ未知数である。

## 5

春にグランドオープンしたパークは夏から秋へと移り、外出しやすい気候とオープン初年度という珍しさもあり、連日たくさんのゲストでにぎわっている。

入口のターンスタイルを押してパークに入ると、ミッキー柄の花壇が目に入ってくる。ミッキー柄の花壇とタイミングが良ければディズニーキャラクターたちの出迎えにも遭遇し、高揚した気持ちになるのではないだろうか。そこからワールドバザールの街並みに入っていくのだが、入る前に一瞬暗くなるトンネルのようなところを通り抜ける。

ここを通り抜けると、もう外の日常の建物や風景は見えなくなりディズニーテーマショーの世界になる。つまり、このトンネルのようなところが劇場に入るドアのようなもので、日常と非日常の境目になるのである。ゲストはいつの間にか非日常のテーマショーの中に入り込んで、自分の目指している楽しみの場所へと足を運ぶことになる。

アドベンチャーランドのカリブの海賊やジャングルクルーズ、ファンタジーランドにあるイッツ・ア・スモールワールドやホーンテッドマンション、トゥモローランドのスペースマウンテンなど、アトラクションはどれも人気である。中でもイッツ・ア・スモールワールドはボートでアトラクションを巡っている間、ずっと耳に入ってくる歌も来園者に気に入られている。〝イッツ・ア・スモールワールドアーフターオール〟とか〝せーかいーは　ひーとつ　ただひーとーつ〟などいろんな言語で歌われている。子供たちがこの歌を手話を交えて歌っているのをテレビで見ることもある。アトラクション以外にも昼のパレードやショー、園内を練り歩くマーチングバンドなども人気を集めている。

以前バルーン販売についてアドバイスをもらったカウンターパートのジャックが言っていた。米国のパーク内消費傾向は、パーク入園料とアトラクションの利用料がトップであること、これはパークに入って楽しむワンデーパスポートやビッグ10など入園券代と、各アトラクションでAからEにランク分けされている利用券代である。その次にレストランなどの飲食代、そしてぬいぐるみ等の商品売上である。ところが、東京ではこの傾向に変化が起こっている。ある時期からパークで楽しむためのイヤーキャップが売れ出した。それとゲストがパークで楽しんで退園するときに、ワールドバザールの商品店舗がすごく混雑するのである。それはキャラクター店舗に加えてお菓子などのコンフェクショナリー店舗も、ゲストの帰り際に混雑する。米国ではお土産は、主として遊びに来た自分のために買うものという感覚があるので、商品売上はあまり期待されていない。ところが東京では様子が違う。日本に根付いているお土産文化といえるものが影響しているのだろうか。もう一つ予想外の傾向がある。それはミッキー風船である。風船は朝ゲストが入園するときによく売れる。親御さんが子供たちに風船を買って手に持たせたり、ベビーカーに結んでゆらゆら揺れるミッキーと一緒にパークを楽しむというものだ。これはジャックの言っていた、風船は売上よりパークの雰囲気と幸せ感を醸し出すものである。その風船が、パークで楽しんで帰るときに、特にワールドバザール内でよく売れるのである。この現象はパークで楽しんだ思い出を、ミッキー風船に託して持って帰るということになるのだろうか。いずれにしても、日本での土産商品は予想を覆して好調な販売になった。

## 6

「今日は面白かったね、お兄ちゃん」と小学生の妹が声をかけた。夜のパレードを見たあと、十時の閉園時間まで目いっぱい遊んだ人たちが、ワールドバザールのメインストリートを出口に向かってゾロゾロ歩いている。そのなかの、関西からお母さんと来園した三人家族とその叔母の一行である。

「うん、面白かった」と小学高学年の兄が答える。

「二人ともよく遊んだね。叔母さんはもう疲れてフラフラ」

「母さんもフラフラやわ〜、お土産も買ったし今日はいうことなし。お土産、あっ、頼まれていたのを一つ買い忘れていたわ。どこかお店まだやってないかしら」

パークは夜の十時が閉園時間なので、飲食施設やその他の施設もこの時間をもって入口は閉じられる。それまでに施設に入っていたゲストは、レジ清算などを済ませてキャストの案内でドアから出ていくことになっている。施設のドアが閉められたあと、外ではキャストが閉店したことを知らせ、出口の方を案内する。出口に近いディズニーキャラクターを扱っているお店の外で、このときも若い女性キャストが閉店の案内をしていた。

「こちらのお店は閉店いたしました。お気をつけてお帰りください」

「あの～、すみません。ひとつお土産を買い忘れたので、中へ入れてくれませんか」

「申し訳ありません。お店は十時に閉店していますので、もう中へは入れなくなっています」

「でも、あそこに見えているぬいぐるみ一つだけなんです。なんとかなりませんか」

店舗ドアのガラス越しに、ディズニーキャラクターのぬいぐるみが並べてある棚が見えていた。

「申し訳ございません。もう閉店していますので……」

「そこをなんとか。明日は大阪に帰るので、もうここでお土産を買うことができないんですよ」

「そうなんですよ。この家族は大阪から東京に来ていて、今夜私の家に泊まって明日は帰らなければいけないの。今しかお土産は買えないんですよ」

と横から叔母さんも言う。

「え～と、もう入店はできないのですが……う～んと少々お待ちください」

困ったキャストは、店の中に入り閉店で忙しくしているスーパーバイザーを捕まえて、相談した。事情を聴いたそのスーパーバイザーは、仕方なく今回だけということで許可した。そのときキャストに、入店するときは他のゲストも見ているだろうから、今回だけだということをゲストに強調するように伝えた。

「あの若いお姉ちゃんずいぶん待たせるわねえ」

と叔母さんが言っていたところへキャストが戻ってきた。

「お待たせ致しました。今回だけということで、ご入店していただけます。今回限りということですので、よろしくお願いいたします」

「わかったわよ。じゃ私一人で入るので、叔母さんたちは出口扉のところで待ってて」

後日、このお母さんから私の担当する部署へ手紙が届いた。内容は、このときに対応した若いキャストの言動についてであった。

「買い忘れたぬいぐるみ一つ買うのに、今回だけですよと念を押すように言われて、何か私が悪いことでもしているみたいに感じた。閉店したお店に入れてほしいという無理は承知しているのに、何回も同じことを言われ、周りの人からも見られて恥をかかされた」

というものである。

この手紙の内容をエリア責任者から担当店舗のスーパーバイザーに伝えてもらい、当日の状況から改善策を検討してもらうよう依頼した。店舗を担当している数人のスーパーバイザーが相談し、次回から同様のケースはスーパーバイザーが直接対応することになった。

コスチュームを着たキャストが対応すると、他のゲストもお願いしたら入店できるものと思われる。それで、キャストはこの対応はイレギュラーなものだということを暗に知らしめるため、今回限りということを強調しなければならない。そのかわり、私服のスーパーバイザーが直接対応し、その横でキャストは閉店の案内を続行すると、もうそのことでイレギュラーな対応をしているということが見て取れる。大阪からの手紙には、配慮が至らなかったというお詫びの手紙をすぐさま出したことはいうまでもない。

それから程なく今度は次のような手紙を受け取った。

「先日パークを最後まで楽しみました。出口を出たところに小さなお土産屋さんがありました。シャッターのような木戸を下ろしているキャストさんに私の彼女が何気なく、気に入っているぬいぐるみがこの店にあるかどうか聞いたところ、少々お待ちくださいと言ってそのキャストさんは店内に入り見えなくなりました。しばらくして私たちの元へ戻ってきて言うには、私の彼女が尋ねたぬいぐるみはこの店では取り扱っていないものなので、パークの中の店に連絡していたとのこと。しかし、取り扱っている店はもう閉店しレジ清算も済んでしまっているので、どうにもならないとのことでした。お帰りのところ待たせてしまって申し訳ない、また希望に応えられなかったということを私たちに重ねて詫びてくれました。何気なく尋ねた彼女の願いに、ここまでしてもらってありがたかったです。欲しかったぬいぐるみは手に入らなかったですが、閉店の手を止めて彼女のために骨を折ってくれたことがありがたかったです。彼女も同様に思っており、お礼を伝えたく手紙を書きました」

この手紙を担当店舗に伝え該当キャストに知らせてもらった。該当店舗ではこの手紙の内容を他のキャストにも告知して、ゲストのありがたい反応を共有した。私の方では該当キャストに伝え喜んでいること、わざわざ手紙を書いていただいたことに感謝するというお礼状を出した。

今はこのようなお客さまから寄せられる商品についてのコメントに対応するチームと、マーチャンダイズキャスト（パークでの商品販売に関わる担当者）の部門トレーニング及び商品販売マニュアルを担当する二つのチームを率いる初級管理職をしている。パークがグランドオープンして以来、いろんな担当をしてきて何人かの上司にも仕えた。バスでやってこられる一般団体や、修学旅行などの学生団体に利用してもらう、団体写真用の施設フォトスタジオを駐車場の一角に作るプロジェクトのメンバーになり、運営計画の作成を手伝った。それは団体でパークに来られた人たちが、シンデレラ城前の広場に集まり自分たちで団体写真を撮ることが多くなったためである。他のお客さんのことを考慮し、また、非日常としてのパークの景観を保つためのものでもあった。

仕事以外では、パークがオープンした翌年に英会話を練習したいというキャストの要望もあり、仲間を集めて英会話クラブ「ポットラック」をつくった。このクラブには、米国から有期で日本に来ているフェイスキャラクターや、エンターテイナーたちにも参加してもらっていたので、練習というより実践してもらう場でもあった。オープン二年目以降の十二月には、この英会話クラブのメンバーと米国からのエンターテイナーたち合同で、クリスマスパーティを行ったりした。また、パークで働くキャストの親睦を兼ねて、敷地のバックヤードを使ったちょっとしたマラソン大会の実行委員もやった。ちょっとしたマラソンなので、ミニーマラソンと銘打って行った。パークで働くキャストに加えて、興味のある日本の管理監督職や米国からのカウンターパートたちにも参加してもらえた。会社全体では、パーク運営に携わる部門がメインとなり、本社の事務部門も含めた運動会も行われるようになって、仕事上あまり関わりのない人たちとの親睦も図られるようになった。

パークは、一九八三年のグランドオープンの二年後に、何十万もの電飾とシンセサイザーの音楽を駆使した夜のパレード「エレクトリカルパレード」が導入された。その二年後、春には世界的なロックスターが主演する立体映画アトラクション「キャプテンEO」がトゥモローランドに、夏にはウエスタンランドにジェットコースターのアトラクション「ビッグサンダーマウンテン」がオープンした。翌年一九八八年の四月にはトゥモローランドに屋外型劇場のショーベース2000が導入され、ディズニーキャラクターたちが出演する常設のエンターテイメントショーが開催されるようになった。またこの年の十二月にはＪＲ東日本による京葉線が新木場から蘇我間を開業し、舞浜駅から直接東京ディズニーランドまでアクセスできるようになった。十二月の開業なので入園者増にどれぐらいつながるかわからなかったが、この年は前年の一二〇〇万人弱に対して一三四〇万人ほどになった。その翌年には、ジョージ・ルーカス監督の映画から「スターツアーズ」というシーン体験アトラクションがトゥモローランドにオープンする。そして一九九〇年の三月に京葉線の東京・新木場間が開業し、東京から蘇我まで全線開通となった。アトラクションとエンターテイメントショーなどの充実と、東京からのアクセスの利便性向上もあり、この年の年間入園者数は一五九〇万人近くになった。

## 7

三年でパークは閉鎖してあとは何かに再利用されるのだろうと、まことしやかに一部で噂されていたこのテーマパークは、いつの間にか一九八〇年代が過ぎ新しい年代に入っていた。パークを建設するのに莫大な費用がかかったが、本物を作るのだといいう開園当時の社長の信念が実を結び、パークに来られる来園者は年ごとに増えている。オープン後によく言われていたのは〝仏作って魂入れず〟じゃダメだ。器は立派なものができたのだから、これからは中身を充実させていこう。和魂洋才とはよく言われるが、西洋のアイデアを日本の知恵でもって、日本伝統のおもてなし精神とディズニー流のホスピタリティスピリッツを融合させた、我々独自のサービスをつくり上げていこうじゃないか、というものである。

当初、会社の上層部と運営管理の責任者は、本国ディズニーからの厳しいパーク運営の条件と要望に対し格闘していると噂で聞いていた。パークの現場でも、アトラクション、飲食・商品販売、パーク整備等、どの部門でも来園されたお客さま・ゲストにハピネスを提供するにはどうすれば一番いいのか、試行錯誤しながら独自のものを形作る努力をしていた。しかし、現場部門の管理方法、言いかえればマネジメントスタイルは、上意下達が多く、有無を言わさずとにかく指示されたとおりに動けというものも多々あった。

パークの変遷とともに私自身にも少し変化があった。オープンして一年余り経った頃に転職の話があった。その話は、東京に事務所のあるディズニーの日本人スタッフからのものだった。パークのイメージと現実の仕事の進め方に、何か馴染めないものを感じていた私は、米国と日本の文化や習慣の違いなど、お互いの感想を含めてプライベートで彼と話し合う機会を持っていた。しかし、転職となると自分ひとりではさすがに即答できず、ロングビーチ時代に知り合った人生の先輩であり尊敬する磯村に相談した。磯村と会ったのは、夏も盛りの東京有楽町の居酒屋である。


「ハイお待ちどお。生ビールと枝豆です。焼き鳥もすぐお持ちします」

「おお、キンキンに冷えてますね。磯村さん乾杯しましょう」

「久しぶり坂上君、乾杯！」

ひととき二人で行ったアメリカ西海岸でのロングドライブに話の花を咲かせたあと、本題に入った。

「今日は磯村さんに転職について話を聞いてもらいたくて、声をかけさせてもらいました」

「転職ね。それはどんな話なんだい」

「少し前、日本に事務所のあるディズニージャパンにいる人から、自分の知人に会わないかと言われたんです。それで会ってみると、その人はイギリスに本社のある会社の人で、僕に転職しないかというんです」

「へぇ〜、その人はどんな人なんだい」

「その人は日本人なんですが、これから日本で事業を広めていくうえで、海外の経験を持つ日本人を探しているということなんです」

「それで、坂上君はどうなんだい」

「今の仕事は興味はありますが、まだ海のものとも山のものともわからないし、仕事のやり方もいろんな人がそれぞれのやり方でやっているという感じなんです。でも現場の雰囲気は、自分たちがこの魔法の王国を日本に根付かせてやるんだ、という意気込みと熱気にあふれています。ディズニーの世界を通じて来園した人にハピネスを提供するということは、私の望むところでもあるのですが……」

「望むところもあるのですが……ということだが、それでどうなんだい」

「仕事そのものは嫌なことはないのですが、どうも皆がバラバラに働いているようで方向性が見えないいんですよ」

「新しいことを始めるときは、最初はカオス状態なこともよくあることだよ。それで話があった人の仕事はどんなものなのかな」

「仕事そのものの話はまだ聞いていません。ただ日本で新しい事業を広める手伝いをしないかというだけです」

「それで君は、今のある意味希望のある仕事を辞めて、まだ何もわからない仕事にかけるのかい」

「う～ん、そこなんですね。なんか待遇は良さそうなんですが……」

「仕事をする、ということは生活の糧を稼ぐためもあり、待遇とか出世とかもあるだろう。でも自分を活かして何かの役に立つことも仕事だよ」

「よく磯村さんは言われていますよね。迷ったらシンプルに考えろって。自分は何を目指しているのか。そこを目指して今は何ができるのかって」

「ただそれはね、ぼんやりでもいいんだよ。こういう方向にいきたいんだ、というものがあればそれを羅針盤にすればいい」。

　私はハッと気づくものがあった。ビールが空になっていたので、もう一杯飲みたくなった。

「もう一杯ビール飲みませんか」

「おおいいね。もう一杯いこう」

それからひとしきり飲んだり話したりして磯村と別れた。その後、〝働く〟ということについて、いままで磯村が言っていたことを思い出した。社会人になって仕事をするということは、人間的な成長を促してくれる。その人間的な成長も仕事の報酬なのである。

もちろん給料の多寡や待遇の良し悪しはあるが、仕事を通じた職業人としての能力やスキルの向上、社内や関連業者、顧客などとの人間関係の広がり、ライフステージの変化による新しい自分の発見なども仕事に絡んでいる。また自分がどんな方向性の仕事をしたいのか、磯村と話しているときにハッとしたのは、日本でのディズニーテーマパーク建国に自分も当事者の一人としてチャレンジしてみたい、という思いが甦ったからだ。そう、建国は始まったばかりだ、まだまだこれからだという思いを新たにした。

# 第四章　フィロソフィーの定着化

## 1

　パークが一九八三年にグランドオープンしてから五年経った。その間私の身にも変化があった。母と一緒だった大阪のおばあちゃんが九十歳を過ぎて老衰のため亡くなった。そして母は大阪で一人暮らしになったが古希を過ぎ、電話をするたびに私に早く嫁さんをもらえと言うことが多くなった。私も三十代の後半になり落ち着きたいと思っていたが、千葉ではなかなかいい機会がなかった。

　いつの間に話を進めたのだろう、母が親戚からの紹介だと言って、兵庫尼崎の女性と会う手はずを整えていた。一度大阪に帰ってこいというので、九月に入ってから有休をとって大阪に帰ることにした。

　その日は夕方に大阪梅田の阪急ファイブの地下街で、親戚の人と会うことになっていた。親戚の叔母さんとは久しぶりだったが、昔とそんなに変わっていないのですぐわかった。その叔母さんは一人の女性と一緒だった。地下街の小奇麗な鉄板お好み焼き屋で、お好み焼きと焼きそばを食べながら、いまどうしているのかと叔母さんから根掘り葉掘り聞かれた。その女性はそこでは私の話を注意深く聞いていたようであった。小一時間ほど経った頃、叔母さんから、私は帰るから二人でどこかへ行って話でもしておいでと言われた。どこかへ行って話でもしておいでと言われても、初対面でどこへ行けばいいのかわからず、私はどうしようかと戸惑っていた。するとその女性が、大阪駅前の阪神百貨店で屋上ビアガーデンをやっていると言ってくれたので、そこへ行くことにした。

「すみません。もう一度名前を教えてくれますか」

「はい、かたやまよしこといいます」

「すみません。ここに名前を書いてくれませんか」と言って、テーブルに置いてあった紙ナプキンを出した。彼女はいやな顔一つせず、さらさらと片山よし子と書いた。達筆な字だなと思いながら、私はその名前の書かれたナプキンを自分の手帳に挟んだ。

「九月になってもまだまだ暑いですね。ビールは飲めますか」

「ビール飲めますよ。中ジョッキでも大ジョッキでも大丈夫です」

「それじゃ中ジョッキと枝豆、フライドポテトなど頼んできます」

と言って私は席を立って販売カウンターへ行った。ビアガーデンに設置してある大型スクリーンには、プロ野球の阪神―巨人戦が中継されており、アナウンサーの声とファンの声援が響いていた。テーブルに注文品を持って戻ってきて、私は声をかけた。

「はいビールです」

「ありがとうございます」

「ところで、片山さんは野球など見たりしますか」

「野球見ますよ。甲子園球場が自宅から近いので阪神戦を見たりします」

「タイガースですか。私は大阪にいた頃は近鉄ファンでした。近鉄バファローズです」

「へぇ〜そうなんですね。東京に行った今も近鉄ファンですか」

「そうですよ。東京は巨人やヤクルトファンが大勢いますが、私は隠れ近鉄、隠れ阪神ファンです」

　なんの違和感もなく野球の話をしながら、ようやく落ち着いて彼女を見ることができた。なんとなくエキゾチックな顔立ちで、身長は私とほぼ同じぐらい。まあ、私の背恰好は男として低い方なので彼女が普通なのだろう。

「坂上さんは東京のディズニーランドにお勤めということですが、そこでは何をされていらっしゃるのですか」

「う～んとですねぇ。東京といっても実際は千葉なんですけども、私はパークでお土産を売っている商品販売の事務方をやっています」

「それで、これからもずっと東京、じゃないですね、千葉の方で仕事をやっていかれるわけですか」

「ええ、そのつもりでいます」

この日はお互い当たり障りのない会話をして、ビアガーデンの閉店間際に別れた。そこから実家へ帰ったが、初めて彼女に会ったのにあまり気疲れしていなかった。プロ野球の話からお互いの趣味など、私は無理に取り繕うこともなく気楽に話をしていたように思う。年齢は私より五つ下だといっていた。しっかり者のような感じもあり、頑固な面もあるのかなあという印象であった。

翌日は新大阪から新幹線に乗って東京に戻り、一日休養してまたいつもの生活に戻った。彼女からすぐ、私と会って話ができてよかったという挨拶状が送られてきたので、私もその返事を出した。それから一ヶ月ほど経った頃、宅配で沖縄のお酒が送られてきた。差出人は尼崎の片山よし子となっている。包装紙を開けると中に便せんが入っており、親戚のいる沖縄に行ったのでそのお土産です、と書いてあった。あのビアガーデン以来、彼女から二回目の便りだが自然な感じで連絡をとってくるので、私としてはいらぬ気遣いなしに素直にありがとうという返事が出せた。

十一月には、東京に用事があるのでそちらに行きます、という連絡があった。私はせっかく東京まで来るのだから、お互い時間をつくって会いましょうと誘った。東京駅で会って有楽町や銀座あたりを案内した。彼女と一緒だと普段通りの自分で接することができると私は思っているが、ダジャレや英語のジョークを連発する私は、彼女にすれば相当変わり者だと映っているのかもしれない。もうこの年になって無理に自分を飾る必要はないと、半分開き直って失礼にならない範囲でいつもの自分で接するようにした。内心はどうかわからないが、彼女も私の言動を好意的に受け取っているようで、思いがけず私のジョークを上回る機転の利いたジョーク返しがあったりする。

十二月に入って母から連絡があり、もう一度大阪に帰ってこいということになった。十二月はクリスマスシーズンでパークは忙しいのだが、なんとか一泊二日の予定で実家に帰ることにした。帰るとそこには母と九月に彼女を紹介してくれた叔母さんがいた。母が言うには、お前もいい年なんだから先方のことも考えて、いい加減にちゃんと返事をしなさい、と説教じみたことを言われた。叔母さんも同様で、先方の方は母親を亡くし、今は父親だけになっているのでいつまでもハッキリしないのは良くないよ、ということだった。私も十七歳のときに父親を亡くしそれからずっと母親に育てられているので、この二人の言っていることはよく理解できた。

私はこのとき、何のためらいもなくこう答えた。

「相手の方さえよければ私は一緒になりたいと思います。ただ心配なのは、私の生活は千葉なので彼女が千葉に来てくれるかどうかです」

これを聞いて叔母さんは、「よっしゃ、あとはまかしとき」と言い、母は「ほな、よろしくな」ということになった。

こういった経緯があり、私は翌年片山よし子というその女性と一緒になった。二十七歳で大阪からカリフォルニアに行き、三十二歳で今度は千葉に住居を移しそれから六年余り、長い独り身生活の末にこの新しい土地で世帯を持つことになった。

## 2

私の所属する商品事務課は、部門人事と予算を担当するセクションともう一つ、私の担当するトレーニングとマニュアル、商品販売の問い合わせに関するセクションがあり、課長の下にそのセクションを担当する課長代理が配されている。アトラクションやレストラン、商品販売や清掃警備などパーク運営に関わる部門の管理職は、一ヶ月に数回該当部門の時間帯責任者を受け持つことになっている。この時間帯責任者は、自部門の施設を順調に運営するための権限と責任、それに判断を任されている。早番と遅番があり、早番はパークの開園準備から昼過ぎまでの間、遅番は昼過ぎに早番の時間帯責任者から引き継いで閉園までが担当になる。私も何回もこの早番と遅番の担当をしているが、早番のまだゲストがいない開園前のパークの雰囲気が気に入っている。

開園の一時間前から各店舗の見回りを始めるが、私の早番はワールドバザールにある店舗の準備状況から見て回ることにしている。ガラスの大屋根で覆われているワールドバザール内には、春の柔らかい陽光がうっすらと差し込んでいる。最初は入園口に近い大型店舗からスタートである。店舗の裏にあるストックルームから入ろうとすると、たくさんの商品が倉庫から運ばれてきていた。そこを通り過ごして、ストックルームの一画に併設されているリーダーオフィスをのぞく。

「おはよう！　今日もいい天気だね」

「おはようございます」と店舗の女性リーダーが、中から顔をこちらに向けて返事してくる。

「今日は入園者予測が高めだけど、在庫とキャストは大丈夫かな」

「はい大丈夫です。倉庫から商品は運ばれていますし、キャストも休みはなく必要数確保できています」

「ＯＫ、問題ないね」

「これからストッカー（ストックルーム担当キャスト）が、商品を運びこむところです」

「他のランドも見て、また戻ってくるからね」と言って、店舗内部でつながっている次の店に足を運ぶ。店内では、レジに釣り銭を準備しているキャストや、商品棚に置かれているぬいぐるみや、小物グッズを綺麗に並べているキャストがこまごまと動いている。

ワールドバザールを抜けてアドベンチャーランドへ入ると、地面の色がピンクから緑色に変わる。カリブの海賊出口付近に集まっている店舗コンプレックスを見て、ジャングルクルーズ入口横に位置するバザール店舗を通り抜けると、熱帯雨林を思わせるような樹木や植栽が多くなる。ジャングルクルーズでは、水路の上を走る赤と白のストライプ屋根を持つボートが試験運転を行っている。南国の鳥たちの合唱でゲストを魅了してくれる魅惑のチキルームあたりにくると、滝の音がしだいに大きく聞こえてくる。ここを通り過ぎると、地面の色は緑から茶色に変わる。

色が変わったところからウエスタンランドに入ったことになる。少し行くと、右手側にショーレストランがある。その向かいの小さな森のような一画にこぢんまりした井戸がある。そのあたりから白雪姫の歌声が聞こえてくる。歌声に惹かれて目をそちらに向けると、青空を背景にしたシンデレラ城が大きく目に入ってくる。仕事中だというのに、ふっと自分がおとぎの国にいるような錯覚に陥る。

「やあ、坂上さん。今日は坂上さんが商品の早番ですか」

「ああ、立花さん。そうです、今日は私が担当です。アトラクション運営は立花さんですか」

「そう。今日は天気もいいし団体予約も結構入っているので、パークは混雑しますよ」

「先ほどワールドバザールの店舗を見ましたが、商品のストックは大丈夫ですよ」

「運営の方は、人気のアトラクションにゲストがどれぐらい集中するのか気になりますね。また開園十五分前に会いましょう」

アトラクション運営の立花に声をかけられて一瞬の幻想から現実に戻った。その後ファンタジーランドへ向かうと、空飛ぶダンボの作動具合を確認していた機械整備の担当者たちが数人、バックヤードへ帰るところだった。

先ほど立花から、サカウエさんと〝さん〟づけで呼ばれたが、パークのグランドオープン当初はそうではなかった。上司は部下に対して名前の呼び捨てがほとんどで、上司に向かっては役職名をつけて呼ぶのがほとんどだった。その頃は日本の会社として当たり前のことであった。本国アナハイムのディズニーランドでは、胸に付けている名札もファーストネームで書かれているし、バックステージで仲間や上司部下を呼ぶのも、名札のとおりファーストネームで呼んでいた。フレンドリーな仲間意識を醸成するためのものなのか、ディズニー側は当初日本でも同じような呼び方を推奨していた。しかし、日本の慣習としてファーストネーム、つまり名前で呼び合うのは、やはりしっくりこない。そこで、日本側が考え出したのが、この〝さん〟づけである。管理職も含めてこの〝さん〟づけがようやく浸透し当たり前になり違和感がなくなった。

パークのオープニング商品施設担当の私は、ファンタジーランドから次のトゥモローランドへ歩を進めた。スタージェットのアトラクションを過ぎると右手に大型ハンバーガー店があるが、そこから出てきた大柄な男が目に入った。

「おはよう、田中さん」

「おう、おはよう坂上さん。いい天気だね、空が真っ青」

「今日は入園者が多いようですね」

「そうなんだよね。この店はおそらく日本で一番ハンバーガーが売れる店なので、仕込みが大変だよ」

その大型店舗から少し行くと、スペースマウンテン周辺に商品店舗がある。店舗のオープン準備を確認してワールドバザールに戻る。開園十五分前に、ワールドバザール中央で各部門の時間帯責任者が集まって、パーク部門の準備状況の確認をする。部門責任者のリーダーはアトラクション運営が担っているので、この日は立花による最終確認だった。パークの入口からは開園を待っているゲストのざわめきが聞こえてくる。オープン前の静かなパークもいいが、やはりディズニーテーマパークは観客であるゲストがそこにいてこそ、ファミリーエンターテイメントというショーが成り立つんだということを実感する。

### 3

商品店舗にレジ係やストック係として入ってくるパート・アルバイトのキャスト・トレーニングや、新規販売施設のマニュアルチェックと商品に関わるゲストサービス業務、そして月に数回入ってくるパーク店舗運営の時間帯責任者などの仕事で気ぜわしく過ごしている。このセクションの責任者になって数年が経ち、パーク運営部門や部内課内の管理職層の人たちとも顔を合わせる機会が多くなった。公の会議以外でもそれぞれ抱えている課題や現状を、気の合った人たちとは雑談的に情報交換ができるようになっていた。そんなある日、今は部の次長になっている倉本から声がかかった。

「よう、どうだい坂上君。いつも忙しそうだな」と言いながら、本社から戻ってきた倉本がゆっくりとした足取りで私のデスクにやってきた。

「はい、いつも通りにやっています」

私は身構えて、少々ぶっきらぼうに返事をした。

「そうかい。それで今、ちょっと時間とれるかな。よかったら会議室に行こう」と言って、すぐ近くにある事務課の小会議室に自ら入っていった。次長は本社から戻ったばかりなので、私は近くにいる事務員にお茶を二つ用意して会議室に持ってくるよう頼んだ。

「今、お茶を持ってきますので、少々お待ちください」

「そうか。じゃお茶を飲みながら話をしよう」

事務員がドアをノックして、日本茶を二つ差し入れてくれた。

「ところで、話というのは何ですか」

「うん。米国ディズニー側から提案されていた活動を、こちらでも実施することになったんだよ」

こちらというのは、東京ディズニーランドという意味である。

「というのは、どんな活動なんですか」

「まあ、ゲストと直接接する最前線のキャストに、ディズニーのフィロソフィーを浸透させながら、同時にゲストサービスの向上を図る活動なんだよ」

「へぇー、それは具体的にはどんなものなんですか」

「具体的には、これからパーク運営を担う五部門のアシスタントマネージャークラスで協議会をつくって、そこで検討させることになったんだよ」

倉本は手元に置いてあるコップからお茶をすすり、ゴクンと飲んで私を見ながら
「そこでだ。商品部は君に、その協議会のメンバーになってもらうことにしたんだよ」

「ええっ、私ですか」

また藪から棒にこの倉本というおっさんは何を言うのかと思った。

「そうだよ。もう他の部門のメンバーも名指しされていると思うので、近々君もその協議会に招集されることになる」

「それは手際のよいことですね。でも今は入場者の増加やパーク営業時間の延長や新規施設などで、キャストのトレーニング、商品に関わる問い合わせが増えており、私はかなり手一杯なんですが」

と気色ばんで言った。さらに付け加えて協議会をやるのであれば、今の担当を減らすなり何らかの配慮はしてもらえるのかと、口から出かかったところを遮られて、

「君の言いたいのはわかる。だがこの件はパーク運営について、米国ディズニー側からの強い要望と、こちら側も本気でディズニーテーマパークとして、日本らしいゲストサービスを生み出す手掛かりにしたいという思いもあるんだよ」と落ち着いた口調で言ったあと、何となくニヤッとした感じの顔つきになって、

「この協議会の仕事はね……今の仕事プラスアルファでやってもらえるかな」と言い、

「なんとかやってもらいたいんだよ、君に」今度はぐっと目を私に向けた。

「承知しました」

受けざるを得ない感じだった。倉本にしてやられた。

この協議会は、アトラクション、清掃警備、飲食フード、エンターテイメント、それに商品販売のパーク運営に関わる五部門の課長代理クラスで構成され、それに全社の教育トレーニングを担当するユニバーシティの課長が、アドバイザー的に参加するものとなっている。名称はパークサービス協議会となり、五名のメンバーを束ねる事務局長に衣装部長が配され、協議会の長としてパーク運営の担当役員が名を連ねるも

のとなった。

## 4

数日後、パークを運営する本部会議室に協議会メンバーが招集された。冒頭事務局長の今宮から、協議会の主旨が手短に紹介された。

「皆さんよく集まってくれました。衣装部の今宮です。この協議会が発足した主旨はもう承知していることと思います。目指しているのは、キャストとそのリーダーたちにディズニーフィロソフィーを浸透させ、日本のテーマパークらしいゲストサービスを根付かせることです」と言ってから、

「まず各部から集まったメンバーの自己紹介をしてください。じゃ、咲山さんから」

「皆さんこんにちは、ユニバーシティの咲山です。これからの活動について米国ディズニー側とのパイプ役を受け持ちます」

「アトラクションの立花です。当部はホスピタリティサービスについて十分やっていると思いますが、どのようなものを目指すのか興味深いですね」

明るい声でサクッと話した。

次に恰幅のいいどっしりとした飲食フードのメンバー、

「飲食フードの田中です。レストランからカウンターサービス、そしてポップコーンやアイスクリームのワゴンまでいろんな販売形態があるのと、調理担当も結構な人数います。なかなか一筋縄ではいかないような気がします」

「清掃警備の河津です。パークの清掃や警備をするキャストは、担当エリアを移動しながら業務をしているので、一人ひとりに目が届きにくいのですが、それがかえってキャストの責任感、独自性を生み出しているのが特徴といえます」

「商品販売の坂上です。販売店舗でのキャストは、レジ係と品出し係がメインになります。キャストの動きはあまりないですが、土産品とお金を扱うので接客に気を遣います」

「エンターテイメントの小島です。ショーやパレード、ディズニーキャラクターによるグリーティングなど、直接ゲストとコミュニケーションをとることは少ないので、少し観点の違うゲストサービスになるのかなと思います」

このメンバーでは若手で、体の引き締まった男である。

「グランドオープンしてから我々のパークは、日本初のテーマパークとして前例のない革新を行い、入園者をここまで伸ばすことができた。いま皆さんがコメントしたように、それぞれの部も独自性を発揮しながら発展してきたが、ハピネスを提供するサービスの質をパーク全体として統一感あるものにする必要がある。言うなれば、東京ディズニーランドにおけるクォリティーサービスをこの機会に作り出したいと思う」

この今宮の言葉を受けて、咲山が、

「活動の具体例としてアメリカ側から提案されているものがあるので、参考のために今日はその概要を紹介しておきます」

と言って、ゲストサービス・ファナティックという制度を紹介した。

要はディズニーらしい、フレンドリーで気の利いたゲスト対応をしたキャストを褒めるためのものである。今日の会議はメンバーの顔合わせと、これからの進め方や大まかなスケジュールを言い渡されて終わった。

集まったメンバーは日頃、各部の時間帯責任者の当番時によく一緒になる顔なじみである。進め方は、今後は協議会のメンバー間で連絡をとり合って進めること、スケジュールは最初の一ヶ月で日本での実施案をつくる。二ヶ月目でディズニーを含めた社内承認をとり、三ヶ月目は関係部で活動の実施案を説明し、四ヶ月目から実施するというものである。ずいぶん大雑把なものであるが、本業の仕事プラスということなのでメンバーもあまり気にはしていなかった。

パークを運営する本部の現場事務棟の二階には、アトラクション、飲食フード、商品販売、それに衣装部の事務所がある。一階には食堂とユニバーシティ管轄のキャストセンターがあり、あとはキャストへコスチュームを貸し出すカウンターとロッカールームになっている。顔見せの会議が招集された数日後、アトラクションの立花から声がかかりメンバーだけで集まることになった。

「これからはメンバーだけなので、ざっくばらんな話し合いにしたいと思いますが、どうですか」と立花が言うと、他のメンバーもうんうんと頷いた。

「アトラクションはパーク運営のメインなので、キャストも一番ディズニーらしいゲストサービスをしていると思うんだけど、飲食フードはある意味職人気質的なところもあるのでなかなか難しいんだよね、ディズニー流の統一したサービスというのは」

どっしりと構えた田中が言う。

「うちも同じで、ショーを演じるダンサーやパレードスタッフは自分の演技をしてショーを完遂するのがメインなので、ゲストサービスというとどうすればいいのか。ある意味ちゃんとした立派なショーを演じるのが、ゲストサービスになるんじゃないかと思いますね」と小島。

「清掃警備はその点一人作業的なところが多いせいか、ゲストから声をかけられやすいんだよね。そういう意味では安全・礼儀正しさ・ショー・効率といったＳＣＳＥのディズニーフィロソフィーに沿った行動が、身内から評価されるのはキャストの励みになるね」

今度はひょろりと背の高い河津が、今回の提案主旨に同意的な発言をする。

「アトラクションはジェットコースターなどのスリルライド系と、劇場の中でオーディオ・アニマトロニクスが歌ったりするシアター系があるが、どちらもキャストはゲストとのやりとりがあるので、ディズニーパークらしいゲストサービスは必須だと思っている」

と言ってから、商品販売はどうなのと立花から水を向けられた。

「う〜ん、商品販売はどちらかというと受け身的なサービスですね。ゲストが商品をレジに持ってきたときが主な接点なので、気持ちよく商品を購入してもらえるよう心がけてはいます。ＳＣＳＥを意識して声を出して挨拶したり、笑顔でお客さまを迎えたり、空いているレジを案内したり各店舗で工夫してやっています」

「そう、そういった各部なりのゲスト対応を工夫しながら、パーク全体としてはディズニー流のホスピタリティがベースになっている、こんな活動になるのかな、今回の提案は」

「ところで立花さん、前回ユニバーシティの咲山さんが紹介してくれた何とかカード、見本ありますか」

「ありますよ、河津さん。でもカードも使い方の解説も原語のままなんですよ。坂上さん日本語に訳してくれませんか」

「いいですよ。でも少し時間をください」

「では具体的な話は、それができてからということにしましょう」

その後、小島は用事があるといってすぐに退席したが、残った四人は各部の現状や仕事の進め方などをひとしきり言い合って散会した。まあ、これも部をまたいだ一つの情報交換ということになるのだろうか。

次の週、メンバーは田中が用意した飲食フードの会議室に集まった。

「今日も五人がそろって話し合う時間はあまりないので、早速始めます。坂上さん、例の向こうのゲストサービス・ファナティックとそのカードについて、説明よろしく」

「了解です」

田中から事前に頼まれていたので、会議が始まる前にオーバーヘッドプロジェクター（ＯＨＰ）を準備してもらっていた。それを使いながら説明を始める。

「皆さんには事前に日本語の資料を送ってありますが、改めてＯＨＰを使って説明します」

ポイントを箇条書きにしたＯＨＰシートと実物のカードを、このプロジェクターで交互にスクリーンに映し出しながら、

「ゲストサービス・ファナティックというのは、パークで運営に関わるフロントラインのキャストを褒める制度です。フロントラインというのは、現場で働く担当者を指しており、パーク内のオンステージでは各部のキャストにあたります。また、バック

ステージでは倉庫担当者や乗り物・機械の整備担当者、さらにはコスチュームの管理やオーディオ・アニマトロニクスの人形の衣装を管理する担当者も含みます。要はパーク運営に関わる現場担当者が対象者ということです」

「ずいぶん対象範囲が広いよね。この説明だと、クラークと呼んでいる現場事務や電話対応者も含まれるということか」という立花の問いに、

「資料ではバックステージでの担当者について、事細かに例を挙げているわけではないので、そこはこちら側、つまり私たちのやり方になりますね」

「褒められる対象者のイメージはできたが、それを誰がどのように褒めるのか、褒め方について確認しておきたいね」河津の発言である。

「この資料によると、褒めるのはマネジメントとありますね。そのマネジメントがパークをウォークスルーしながら、いいゲスト対応をしているキャストにこのゲストサービス・ファナティックというカードを渡すとあります」

「でもいいゲスト対応というものはどういうものなのか、またパーク内ではたくさんのゲストがいる中で、ファミリーエンターテイメントを妨げずそのカードを渡す方法など、何かガイドラインがいるよね」

「田中さんの言う通りで、いいゲスト対応といっても各部なりの見方があるので、何か基本になる判断基準が必要でしょう。キャストや担当者へカードを渡すのもエンターテイメントはタイミングが難しいですよ」

「この制度を日本に導入するとすれば、ゲストサービス・ファナティックというカード自体もＴＤＬ流にアレンジする必要がありますよ。このファナティックというのは、熱狂的とか狂信者などの意味があるので、日本では誤解を招く恐れがあると思いますね。何か爽やかでスマートな感じのものがいいと思います」と言って、私はＯＨＰに見本カードを投射した。

「う～ん、ということはこの制度を導入するには、キャストを褒める基準と褒めるタイミング、そして誰が何を褒めたかという証としてのカードを、ＴＤＬ流にアレンジする必要があるということになるね」立花が腕組みをする。

「でもこれで我々の課題が見えたのじゃないかな。キャストのどういった行動を褒めるのか、各部で見方や捉え方が違うのは当然だからね。それぞれの〝良い〟と思われる行動がどのようにＳＣＳＥに当てはまるのか、メンバーが部の代表例を例示してみてはどうかな」という田中の提案に河津が、

「ゲストに対して〝良い〟行動というのは、〝なるほどね〟とか〝いいタイミング〟など、その場その場でいろいろあると思うんだよね。それはどの部も共通していると思うんだけど」

「褒める褒めないは別として例えば安全を例にとると、田中さんの飲食フードでは衛生管理や食材の賞味期限のチェックなどになるだろうし、アトラクションではスペースマウンテンなど出発前の安全ベルトチェックになるよね。何を見るかという対象は違うけれど、安全を見ているという点では共通しているということかな」立花の発言を受け、河津が、

「そういうことだよね。各部それぞれの違いはあるけれど、底流でＳＣＳＥは共通しているということだよね」

「田中さんの提案をメンバーでやってみれば、ＳＣＳＥとの関わりがハッキリしますね」

　小島が前向きな感じで言った。

「何をどのように褒めるのか、褒める対象となる言動はどういうものか、各部で例示できるようにしましょう。もう一つ褒めるカードだけど、これは表現やデザインなど

もあるので坂上さんやってくれませんか」

「わかりました。カードの方はユニバーシティの咲山さんと連絡をとってみます」

「じゃ、それも含めて次回は坂上さんお願いします」

田中は私にＯＨＰとスクリーンはそのままでいいですよと言って、メンバーに散会を告げた。今回は時間がないのか、私も含めてメンバー全員がすぐ会議室から出ていった。

# 第五章　目指すゴールは一つ

## 1

友人が東京ディズニーランドに行くというので、小さい子供連れで楽しめるところを教えてほしいと言われた。パークへ行く子供たちは小学校低学年の女の子と幼稚園年長組の男児である。平日はそれほどでもないが、土日祝日となると、パーク内はどこへ行っても混雑する。彼らも行けるのは休日だろうから、人気で混雑が予想されるアトラクションは避けて、私の好みも入れながら次のようなところを案内した。

午前中はアドベンチャーランドにある「ウエスタンリバー鉄道」に乗り風景を楽しんでから、「魅惑のチキルーム」やウエスタンランドの「カントリーベアシアター」などシアター系のアトラクションを楽しむ。午後はトゥモローランドにある「ミート・ザ・ワールド」に行く。そして昼のパレードは、そのアトラクション近くにあるプラザレストランのテラス席で食事をしながら待っていて、時間が来たらその席から遠目だが、パレードを見ることができると教えた。また余裕があれば、ショーベース

２０００でやっている「ワン・マンズ・ドリーム」もおすすめだと付け加えた。大人には、アドベンチャーランドからウエスタンランドへ移るあたりの建物に、歯医者や保険代理店の看板が掛かっているので、そこに書いてある英語表現をみると面白いよと言っておいた。

後日パークに行った家族の父親から電話がかかってきた。彼が当日の体験談を長々と少し興奮気味に話してくれた。かいつまんで言うと次のようになる。

チキルームはオーディオ・アニマトロニクスの鳥の歌にリラックスしていると、急に周りが雨嵐になり、最後に四方の柱や天井に飾ってあった動物たちの太鼓演奏に驚いた。ミート・ザ・ワールドは鶴が案内してくれる日本の歴史で、テーマ音楽も親しみやすく大人でも楽しめた。ワン・マンズ・ドリームは白黒のステージが一気にカラーの世界になるオープニングから驚きの連続だったとのこと。

プラザレストランでは、テラス席はどこなのかと食べ物を載せたトレーを持って家族でウロウロしていると、そこの女性キャストが声をかけてくれた。昼のパレードが遠目に見える席があると聞いているがそれはどこかと聞くと、彼女は私たちを先導してわざわざその一画まで案内してくれた。少々疲れ気味だったので、子供の機嫌をとりながらの案内に家内も私も助かった。

最後に、建物の看板を見たが、一つわからないものがあると言われた。

「歯医者はPainless Dentistと書いてあったので、これはPainlessは痛みのないという意味だから痛くない歯医者だよね。もう一つの保険代理店は、Noah Countとなっていたけれどこれは店名かな」

「さすが！　よく気づいたね。歯医者はその通り、保険屋は同じ発音でNo-account、このようにつづると『役立たず』という意味になるんだよ。ディズニーらしいユーモアなんだ」と種明かしをした。

この電話で聞いたプラザレストランの女性キャストが私の頭の片隅に残った。午後の早い時間帯はまだ忙しいのだが、彼女はよく気がついたものだ。対応したゲストである友人の状況から、子供たちに話しかけるなど臨機応変な言動は、ＳＣＳＥの安全と親切丁寧な案内にピッタリ当てはまる。

この大型レストランは、店内に階段やスロープがあるので、疲れた子供がつまずいたりするかもしれない。またテラス席は屋内から出たところにあり、初めての人にはわかりづらいかもしれない。そんなことを想像していると彼女のとった行動に、「よく気づいたね、グッドサービス」と褒めてあげたい気持ちになった。そうだ、こういうことなんだ、と思った。いま進めているパークサービス協議会で新たにやろうとしている活動は、こういった一見なにげない行動だが、お客さんにとってはありがたいと思われるもの、それを目に見える形で褒めてあげることだ。こう思いつくと、今までの「やらされ感」的なものが身近になり、やる気も出てきた。

## 2

本社棟にあるユニバーシティルームのロビーで、私はユニバーシティ課長の咲山を待っていた。約束の時間が過ぎているのにまだ現れない。ほどなくして、足早にこちらに向かってくる咲山が見えた。

「やあ坂上さん、わるいわるい。今、米国ディズニーとの打ち合わせが終わったばかりなんだよ。部屋をとってあるので、そこへ行きましょう」

と言って、ロビーからすぐの部屋に案内された。

「待たせたね。結論から言うと、協議会でまとめた主旨はオーケー。しかしカードについては、提案のティンカーベル使用も含めて、デザインはディズニーサイドで検討する、ということだった」丸メガネをかけ直して咲山が言った。

「そうですか。ありがとうございました。キャストを褒めるカードについてはディズニーのキャラクターを使うので仕方ありませんが、日本で行う活動の主旨が認められたのはよかったです」

まずは第一段階突破というところだ。

「向こうも自分たちの提案をこちらで真剣に取り組む姿勢が見えて、内心喜んでいるんじゃないかな」

「この機会を活かして、日本のおもてなし精神を加味したゲストサービスをつくっていきたいと思っています。パーク運営の各部門は、ゲストにハピネスを提供するためそれぞれ努力していますが、サポート部門も含めて一貫したクォリティーサービス、つまり質の良いサービスの意識づけをしようというのが協議会メンバーの総意です」

「東京ディズニーランド開国以来歴代の経営者が言っているように、我々の仕事は幸福創造であり『心の産業』である、ということの目に見える活動の一つだね」

「そうですね。ゲストに〝ありがたい〟とか〝よかったね〟と思われるキャストの言動を、SCSEに基づいて目に見える形で褒める。それを積み重ねることで、TDLらしいクォリティーサービスをつくり上げていく、ということなんです」と私は力を込めて言った。

「ディズニーユニバーシティでも入ってくるキャスト全員に、オリエンテーションとディズニーフィロソフィークラスを通じてファミリーエンターテイメント、全てのゲストがVIP、ショーは毎日が初演などと紹介し、仕事をするときの行動基準SCSEを教えている。ここでの教育を一過性にしないためには、職場との一貫性と現場育成が大切なんだよ」

「ところでカードのデザインは、どれぐらい期間がかかるんですか」

「二、三週間ぐらいだと言っていたけどね。デザインが決まったら、カードを印刷しなきゃならないだろう。必要なら業者を紹介してあげるよ」

「助かります。そのときはよろしくお願いします」

協議会がまとめた案を咲山を通じてディズニー側に打診するようになったのは、私がキャストに配布するカードの草案を考えていたからである。

事務局長である衣装部長の今宮に招集されたパークサービス協議会は、その後メンバー持ち回りの打ち合わせの他にも、二人や三人での話し合いを行った。食堂で会ったときとか、パーク裏の休憩室などである。パークは青空を背景にしたステージであり、ゲストは観客である。言わばステージ上で、観客の目のあるところにいるキャストをどのように褒めるか。しかもそのキャストたちは部門ごとに異なる仕事をしている。こういったことが背景にあるため、具体的なことを含めて小さな打ち合わせを数多く持った。褒めるときキャストに手渡すカードの内容を考えることになっていた私に、そういった小さな話し合いの情報も集まってくるようになった。私はいつしか協議会メンバーの書記的な感じになっていた。

当初一ヶ月で実施案をつくり二ヶ月目でディズニーを含めた社内承認、三ヶ月目は関係部へ活動の実施案を説明し四ヶ月目から実施する、というものであった。しかし、具体的なことになると部門ごとの特性もあり、なかなかすんなりといかないのが実状である。なんとか実施案が形になったのは二ヶ月を過ぎた頃であった。その要旨を列記すると次のようになる。

・制度の名称　スターキャスト制度

・制度の目的　来園したゲストに「幸せな気分」になってもらうための言動を行ったキャストを褒めること

・スターキャストカード　褒める対象になったキャストに渡すカード

・褒めてカードを渡す人　パーク関係部門のマネジメント

こういったことをもとにしたそれぞれの意義と、協議会としての思惑は次のようなものだ。ゲストにハピネスを提供できるように考え行動した人は、きらめく星のようなキャストだという意味から制度の名称はスターキャストとした。カードは名刺サイズにし、手渡すマネジメントも貰ったキャストもポケットに入れられるようにする。カードにはピーターパンの物語に出てくるティンカーベルの絵を挿入し、そのキャラクターが使う魔法の粉・ピクシーダストをキャストが使うイメージにした。褒める根拠としては、ディズニーの行動基準である安全、礼儀正しさ、ショー、効率のSCSEに基づいた言動とし、カードの裏に五つのポイントを記した。それは星の英語スペルSTARをもじったもので、Sは積極的なサービス、Tは息の合ったチームワーク、Aは明るい挨拶、Rは親切丁寧な案内、これはゲストが何かわからないときや困っているときなどよくリカバリーしたねという意味を含めている。最後のSは星のように輝くキャストは一人じゃないのでSTARを複数形にしたSで、素晴らしいショーマンシップとした。発想は、日本語と英語の語呂合わせ的なものである。そして、いつ、誰が、誰に渡したかわかるように日付と名前、部署名も記入できるようにした。

キャストを褒めてその証拠にカードを渡す人は、パーク関係部門の部門長も含めた全マネジメントであるが、当面マネージャーとアシスタントマネージャーにした。カードを渡すタイミングとして、対象キャストがずっとゲスト対応を行っている場合や、ゲスト対応以外でも担当者が手を離せない場合など、直接カードを該当者に渡せないときは、職場のリーダーやスーパーバイザーにカードを預ける。のちほどカードは職場の上司から該当キャストに渡される、という手順も設けた。また、パーク運営部門の全キャストに周知されなければならないので、今後入ってくる新人キャストには、ディズニーユニバーシティの全キャストを対象にした最初のプログラムに、スターキャスト制度の説明とカードの案内を入れてもらう。次の部門トレーニングでは、部門の特徴を加えてこの制度を説明する。既存のキャストには、各部門のフォローアップトレーニングと通常の連絡網を通じて周知を図る。ざっとこのようなものであるが、主旨と目的、それに協議会メンバーの狙いなどを含めて、最終的に協議会トップに承認してもらわなければならない。その後、このスターキャスト制度について該当部門へ説明し、トレーニングと現場での体制を整えてスタートとなる。

## 3

当初プラスアルファの仕事ということで、私は本業の合間に時間を割いてちょいちょいとできるような軽い感じで協議会のメンバーを受けた。しかし内容が具体的になってくると、本業と変わらないぐらいの質量になっていた。通常業務のあと、残業時間で構想を練ったり、資料を作ったり、根回しなどを行ったりするようになっている。

（なるほどこれだな、あのおっさんが言ったプラスアルファの仕事だというのは）

商品部としての協議会メンバーになって欲しいのだと、あのときニヤッとした倉本に一杯食わされた。でも今は何か新しいものを形作っていくという、静かな情熱みたいなものを感じている。

スターキャストカードのデザインが米国ディズニーから届いたので、そのサンプルを早速他の四人のメンバーに見せた。さすが米国ディズニーである。表は東京ディズニーランドのシンボルであるお城がメインに、その上にティンカーベルが魔法の粉・ピクシーダストを振りかけているイラストがブルーとゴールドなどで描かれている。裏はＳＴＡＲＳの語呂合わせで五つの褒めるポイントと日付・名前の記入欄がある。それぞれのメンバーからカードはこれでいいんじゃないかという返事とともに、事務局長に今まで検討してきた実施案を報告しようということになった。

事務局長の今宮がいる衣装部のオフィスは、商品事務課のすぐ隣にあった。内線電話で連絡し時間をとってもらった。カードのサンプルと実施案資料を持っていき、五人のメンバーで内容を説明したいので日程を調整してほしいと依頼した。数日後、今宮から連絡があった。資料を見たので内容は把握できた、進捗スケジュールも遅れているので協議会長の神田役員も同席してもらい説明を聞くことにした、ということである。早速他の四人のメンバーとユニバーシティの咲山にもこのことを伝え、日程の調整をしてもらった。そしてパークサービス協議会長である担当役員の神田と事務局長の今宮に対して、メンバー五人による説明会が開催された。冒頭、事務局長の今宮が口火を切った。

「今日は協議会の会長である神田さんにも出席してもらっています。実施案はすでに神田さんも私も目を通しているので通り一遍の資料説明は不要、皆さんにはこの制度を通じて何を目指しているのか、運用するときの課題点は何かを話してもらいたい。初めに神田さんお願いします」

「私を含めたパークサービス協議会のメンバー全員が集まるのは今日が初めてだと思うんだが、そうだよね。しかし実働部隊の皆さんの活動状況は、事務局長の今宮さんから報告を受けている。パークで一体感のあるＴＤＬらしいサービスをつくり上げる、というのは今後に向けても大切なことだ。この制度の実現に期待している」

「では私からこの制度のポイントを紹介します」と言って、アトラクションの立花が立ち上がった。彼は自席近くに置いてあったフリップチャートの横に立ち、スターキャスト制度と書いてある表紙をめくって二枚目のページを出してから話し始めた。

「この制度の目的ですが、我々はキャストとマネジメントに分けて考えました。キャスト向けにはここに書いてあるように三つあります。一つ目は、褒めることの見える化です。上司が部下を褒めるとき、例えば『おお、いい仕事しているね。その調子で頑張って』などと声をかけたりしますが、これからは褒めるときにこのスターキャストカードを手渡して褒める、というやり方になります。二つ目は具体的に褒めるということで、キャストへのモチベーション施策になることです。そして三つ目、カードを渡すことで、キャストには誰かがどこかで見ている、という意識づけにもなります」

ここで立花は一呼吸おいて、フリップチャートをめくり三枚目を出した。

「次にマネジメントに対してですが、ポイントは二つです。まず、パークの現場に出てもらうことです。自部門のキャストをメインに、現場での仕事ぶりをマネジメント自らの目で見てもらうことがネライです。二つ目は、褒める視野を広げてもらうことです。パークでは日々いろんなゲスト対応が行われています。SCSEを根拠に広い視点から褒めるためには、パークでの観察力と現場の理解もさらに必要になります。今ここで申し上げた目的は、協議会メンバーが意図しているもので、周知するのは資料にあります。来園したゲストに『幸せな気分』になってもらうための言動を行ったキャストを褒めることになります。私の方からは一旦ここまでです」

と言って立花は席に着いた。

「立花さん、今日はかなり緊張気味だね。いつもの明るいテンポが出てないよ」

「そうですか今宮さん。いやあ、やはり担当役員の前だと緊張します」

「立花くん大丈夫だよ。君も他のメンバーのことも、日頃の人物像は一通り私の耳に入っているから。いつもの自分でやればＯＫだよ」

「そうですか。それは、え〜と、感謝します、いや、ありがとうございます」

と、立花のしどろもどろな言い方に皆がどっと笑った。これで緊張が解け、雰囲気も和んだものになった。

「皆さんのネライはわかったが、日々そんなに褒めることがあるのかねぇ。それと課長は、マネジメント職で一番多忙だと思うが、大丈夫かい」

と、今宮は心配そうに皆の顔を見渡した。

「褒めることについては今宮さん、私たちが気づかないところで結構あるものなんです。清掃警備を例にとると、当部門のキャストはパーク内を歩いて仕事をすることが多いので、ゲストからよく声をかけられます。いろんなことを聞かれるので、その対応についてキャストはリーダーに相談したり、担当者間で話し合ったり自分で工夫したりしています。そのことを知っているリーダーやスーパーバイザーが、パークで一生懸命ゲスト対応しているキャストを見つけると、遠くからそのキャストに『グッド』とジェスチャーでサインを送ったりすることがよくあります」

河津が日頃の現場風景を紹介すると、

「ちゃんとゲスト対応するのは当然じゃないのかね」神田が発言した。

「その通りです。が、その対応の仕方なんです。これはよくあることなんですが、昼のパレードが終わると鑑賞スペースからゲストが一度にばらけます。そのときパレードルート周辺の清掃に携わるキャストは、トイレの場所をよく聞かれるのです。今までは聞かれた場所から一番近いトイレを案内していたのですが、そこへ到着するタイミングにより、待ちの列が長くなることもよくあります。それを知っているキャストは、近くのトイレだけではなく、聞かれた場所からエリア内にあるトイレを近い順番に教えるのです。ちょっとしたことですが、ゲストにとっては何回も聞く手間が省けます。こう言った工夫を見逃さずに褒めてあげるのもスターキャスト活動なんです」

「そういった工夫はどうしてわかるのかな」と今宮、

「このケースは、子供連れのゲストとガイドマップを見ながらいつもより長めに案内しているキャストを見かけたスーパーバイザーが、ゲストが立ち去ったあと、そのキャストに聞いてみたんですね。それでわかりました」

「それは現場でのリーダーやスーパーバイザーだからできることじゃないのかい。いつも事務所で忙しい課長連中はどうなのかな」

「そこなんです、今宮さん」どっしりした動きで田中が発言する。

「各課の課長は、関係部門との調整や部門目標の達成など忙しいことと思います。しかしパークを自分の目で見ることで、変化する現場の理解も深めてもらえると思います。ある意味、忙しい時間を割いてでもパークに足を運んでもらうことが必要かと、我々メンバーは考えました。そのパークに出るキッカケの一つとして、この褒める仕組みを活用したいと思います」

「課長も部長も必要に応じてパークをウォークスルーしているのじゃないのかね」

「はい神田さん。必要に応じてパークを見ていただいてはいるのですが、その必要というのは何か問題を解決するためとか、不備なところをチェックするとか、どちらかというとネガティブな視点からの方が多くなりがちです。それもありますが、日々変化しているといってもいいぐらいのゲスト応対や日常作業の一コマを、ポジティブな面からも見てもらいたいのです」

「うむ、まあそれに越したことはないがね」

「私たちも含めてですが、パークに出るとキャストの良くない動きなどに目が行きがちなんです。このネガティブな視点を、キャストを褒めるポジティブなものにしていくことで、マネジメントの意識変化につなげたいと我々は思っています」

「それと一体感ですね」引き締まった声で小島が引き継いだ。立花が四枚目のフリップチャートを開ける。テーマランドを構成している部門と役割の一覧表があり、一番下に関係部門の一体感が大切、と記されている。

「各テーマランドには、アトラクション、飲食フードと商品施設があり、エンターテイメントもテーマに沿ったショーやキャラクターグリーティングを行っています」

「ゲストの目に触れないところでは、アトラクションを日々点検している整備部門もあるし、衣装部もイッツ・ア・スモールワールドなどショー人形の民族衣装点検をしているよ。こういった関係する部門それぞれが独自に工夫したり改善したりして、パークはここまで発展してきたんじゃないのかい」

「異なるいくつもの部門が力を合わせてパークを運営してきたのは、今宮さんのおっしゃる通りです。今まで各部門が努力を重ねてきたわけですが、部門を超えた仲間意識の醸成も目指したいのです。エンターテイメントの時間帯責任者としての任務時、いいゲスト対応をしている他部のキャストも目につきます。そんなとき、部門を超えてスターキャストカードを使うことができます。一人のキャストを褒めることは小さなことかもしれません。同じ目線で部門を超えて褒め合うことで、関係部門に横ぐしを通すような一体感をつくれるのではないかと考えています」

「教育トレーニングの面からも考えてみました」

今度は私が言った。立花がフリップチャートの五枚目を見せる。そこには、新人キャストのトレーニング体形図が描かれている。

「ご存じのように新人キャストは、ディズニーユニバーシティで最初のフィロソフィートレーニングを受けます。ここで来園されたゲストに幸せな気分になってもらうため、SCSEの行動基準をいつも意識することを学びます。そして部門へ配属になり、部門の観点からのSCSEを習得しパークで働き始めるわけです。新人の間は職場のトレーナーが付き添いながらシャドウトレーニングするのですが、日が経つにつれ慣れが出て基本がおろそかになりがちです」

と思うのだが」

「そこは職場のリーダーやスーパーバイザーが、朝礼や昼礼などで日々指導している

「はい、彼女ら彼らはゲストとの距離も近いですから、具体的な指導ができます。ところがなんです今宮さん、朝礼や昼礼またフォローアップトレーニングというものは、言葉のやりとりなんです。パークを運営している部門のマネジメントが、実際に現場でキャストの言動を褒めるということが大切だと考えています」

咲山は私の言葉をフォローするように言葉をつなぐ。

「そのことについてはディズニーユニバーシティの観点からも言えますね。ディズニーフィロソフィーとSCSEについて坂上さんが説明したように、しっかりした全社的な教育体系の中で教えられています。頭でわかっていることを現場で実践することが目的なので、フロントラインと言われる担当者がその場で認められるのは大変重要な意味を持ちます。例えるなら、頭でわかっていることが手足の毛細血管まで行き届いている、ということが確認できるわけです」

「ありがとうございます咲山さん。そこで先ほど田中さんからありましたように、まずは我々マネジメントからこの褒める活動を始めることにしました。また、どれだけ

現場を見たかというのを確認するため、当初はマネジメントごとのスターキャストカード配布数をチェックすることも、我々は考えています」

「それは難しいんじゃないのかい。マネージャー連中から反発を食らうよ」

神田が口を挟む。

「あっハイ、そうかもしれませんが、しかし……最初が肝心なのではないかと思うのですが……」

私が口ごもると、

「これは仕事としての考え方もありますが、現場担当者にマネージャーからのハッピーサプライズだという見方もできます。日頃現場であまり見かけないマネージャーの顔を知ってもらうのにもいい機会になると思います」

立花がいつもの明るさを取り戻して、スラスラとフォローした。

「おお立花くん、息を吹き返したね。ハッピーサプライズか、う〜ん」

「私たちはこの活動を単なるアメリカの受け売りにしたくないのです。この活動を通して何かTDLらしいホスピタリティサービスを開拓・定着させたいと思います」

「そろそろこの辺でいいんじゃないかな、君たちメンバーの言いたいことは伝わってきたよ」

今宮が頃合いだというサインを出してきた。

「はい、我々メンバーのアピールしたいことは以上になります」

立花の言を受けて今宮がまとめに入った。

「キャストをその場で褒めるという単純な活動だが、そこにはTDLらしいクォリティーサービスを定着させていく大切な意図があること。そのためにはキャンペーンのような一過性の活動ではないこと。現場とマネジメントが一体となって褒める文化をつくり上げていくこと。異なる部門が一体感をもってゲストにハピネスを提供する土壌をつくることなど、今まで突っ走ってきたテーマパーク運営に我々の魂を入れる活動だと思う。関係部門に実施案通り受け入れられるかどうか分からないが、パークサービス協議会としてパーク部門会議に提議したいと思う」


午後一に始まったこの会議は、夕刻近くに終わった。終わったあと神田役員と今宮部長、咲山課長の三人は何やら話をしながら神田役員の執務室に入っていった。我々五人のメンバーは緊張感から解放され一階の食堂へ行き、自動販売機のカップコーヒーで一息ついた。

# 第六章　新しい習慣の始まり

## 1

　スターキャスト制度についてパーク部門会議に提議されたのは、五人のメンバーがパークサービス協議会でプレゼンした翌週だった。制度の主旨や内容については特段の質問や意見はなかったが、スターキャストカードの配布数をマネジメントごとに協議会の事務局が集計し、部門にフィードバックするというところで引っ掛かった。何のための集計なのか、そんなことをしなくても意識のある者はパークに出ている、中にはわざわざマネージャーが褒めることはないだろう、などと言う質問やら感想などが発せられた。

　雰囲気がどよめき出したところで会議顧問役の神田役員が口を開いた。

「忙しいマネジメントが率先して褒めることに意味がある。それに現場のキャストにとっては、ハッピーサプライズにもなるんだよ」。この発言が功を奏してどよめきがおさまった。制度の運用の仕方はこれからいろいろあるだろうという意見も出たが、実施することについては同意された。そして実施するからには、関係部門は部門をあげて協力することにもなった。今宮部長も事務局長の立場から、「有名無実にしてはいけない制度なので、最初が肝心です。皆さんの協力が必要です」というお願いをした。

その後協議会メンバーにより、スターキャストカードを運用する五部門への説明がなされ、スターキャスト制度は当初の予定より一ヶ月遅れで実施されることになった。五人はこれで協議会から解放されると思ったが、カードの集計と部門へのフィードバック、実施状況の取りまとめなど事務局任務を引き続き担うことになった。とりわけ私は、カードの発注や在庫管理と部門ごとのカード集計も受け持つことになり、この制度の事務方的な色合いが濃くなっていった。これはもうプラスアルファの仕事ではなく、日常業務の一部にならざるを得ないことを次長の倉本にかけあい了承を得た。

## 2

日常業務の一環である商品販売部門のパーク時間帯責任者として、この日私は遅番の勤務だった。遅番は昼過ぎからの出勤になる。一階の従業員食堂で軽く昼食をとって二階の事務所へ上がっていった。商品事務課のドアを開けていつものように、コンニチハとスタッフに声をかけて自席に着いた。最近はみんな忙しいのか顔を上げただけで二、三人が「チハッ」とコンニチハの語尾を言うだけである。すぐ隣の人事予算チームは、顔を下に向けたまま事務作業に熱中している。入園者数の増加とともに日々の仕事も忙しくなり、精神的な余裕もなくなっているようだ。スターキャストカードの事務局業務を手伝ってもらっている女性スタッフが席にやってきた。

「コンニチハ坂上さん」

「よう、若菜さんコンニチハ」

「カードの在庫が少なくなっているので増刷をかけたいのですが、業者に発注してもよろしいでしょうか」

「ああ、いいよ、発注書持ってきて」

「はい。ところでちょっといいですか」

と言って、すぐ近くの空いている小会議室を指さした。そこに入ると、

「最近、特になんですが、出社時と退社時に挨拶してもチームのみんなが今までのよ

うに挨拶を返さないことが多いんですよ」

「そうか。僕もなんとなくそんな感じを受けているのだが、仕事が忙しいからかな」

「とは言っても私たちは、率先して挨拶を奨励しなければいけないチームですよね。仕事が忙しいからといって、挨拶を返すことぐらいできると思うんです。『おはよう』や『コンニチハ』というのにそんなに時間はかからないですからね」

「まあそれはその通りだね。でも仕事に集中していると、つい顔を上げて挨拶するのが面倒なんじゃないかな」

若菜は少しムッとした表情で、

「坂上さんがそんな考えじゃ、トレーニングチームもゲストサービスチームもそのうち挨拶しなくなりますよ。研修やトレーニングで挨拶は大切と教えていても、言っていることとやっていることが違うことになりませんか」

「う～ん、君の言う通りだね。挨拶しても、された方からの返しがなければ挨拶し甲斐がないということか。でもちょっといいかい。僕はね、出社のとき朝だと『おはよう、ございます』と内心リズムをつけて言うんだけど、それは事務所の人たちに対してともう一つ自分に向かって言うんだよ。仕事モードに入る区切りと、今日もガンバレよと自分自身へエールを送る意味でね。たとえ挨拶が返ってこなくても、僕の声は聞こえているわけだし、事務所に入ってきたよという合図にもなるからそれで十分なんだ。相手が返してくれるからする、しないからしない、という相手次第ではなく自分のためにするものだと思っている」

「それは坂上さんだけが思っていることでしょう。チームのみんなが現実に挨拶をしない返さない風潮になるのは避けたいです」

「りょう～かいです。挨拶について、タイミングを見て近々にチームメンバー全員に話をします。若菜さん、ありがとう」

「話を聞いてもらえてよかったです」

こんなやりとりのあと、一通りの連絡事項チェックとスターキャストカードの発注書承認など事務処理を行い、早番のパーク時間帯責任者から引き継いで遅番の任務に就いた。

## 3

午後から雲行きがあやしくなり、今にも雨が降りそうな気配になってきた。この様子だと屋根のあるワールドバザールにゲストは集まってくるんじゃないかと思い、一足先に店舗を見ておくことにした。外側に向かって出入口のある店舗は、各扉の前にレインマットが敷かれているか、店内には目につくところにワゴン什器などで傘が出されているか、などチェックしながら様子を見るのである。午後の商品店舗は空いているものだが、徐々にゲストが集まりだしている。店舗コンプレックスはオープンドアポリシーなので、一つの店から次の店へいつの間にか足を踏み入れていることがよくある。この日も文房具類を売っている店からジュエリーの店を通り抜け、ディズニーキャラクター商品の店に足を踏み入れた。

人気のこの店は、すでにある程度のゲストでにぎわっている。レジ係は女性キャストが多いのだが、その中で男の声が一つのレジから聞こえてきた。彼の発する「コンニチハ」という声が明るくて爽やかな感じだ。なにげなくその声の方をみていると、若い女性ゲストがたくさんの小物類をレジに持っていった。「ようこそ東京ディズニーランドへ」と声をかけて彼は商品の清算をし、その後袋詰めに入った。レジ台の上に置かれた数多くのボールペンとメモパッドを、数量に合わせてサイズの違う袋に入れ、ぬいぐるみバッジは一つずつの袋にし、それらを大きなサイズの袋にまとめ、さらに小分けの袋も数量分入れてから、「お待たせしました」と言って、両手で大切そうにその袋をゲストに手渡した。そして、商品を受け取った学生らしき女性ゲストがレジから離れていく背中に向かって、「このあともごゆっくりお楽しみください」と声をかけていた。

背の高い彼の声は、人の上を通って聞こえてくる。その後も、商品を見て回るゲストには「コンニチハ」と言い、商品を持っているゲストには「こちらのレジが空いています」と声をかけている。

当たり前のゲストサービスだが、何かイキイキしている。そんなことをぼんやり思っていると、ゲストの誰かだろう「雨が降ってきた」という声がした。と、同時にゲストが雨を確認しに出た。店内がひととき、空いた状態になった。私はとっさに内ポケットに入れてあったスターキャストカードを取り出し、立ったままメモ帳の上でＳＴＡＲＳの最初の〝Ｓ 積極的なゲストサービス〟と〝Ａ 明るいあいさつ優しい笑顔〟に丸をつけて彼のところへ行った。彼の名札を見るとMIKIYAMAとあった。

「コンニチハ、みきやまさん。いいゲストサービスだね。ハイこれ」と言って、カードの表ティンカーベルとお城の描かれた面を向けて彼に渡した。

一瞬彼はキョトンとしたが、カードを見てにっこり「ありがとうございます」と満面の笑みで応えてくれた。「これからも頑張って」と言うと、彼はカードの裏面を見て私のチェックポイントを確認した。そうしているところへゲストが店内に戻ってきた。今度は前よりも増して人が多くなった。彼はカードをポケットへ入れ、私はゲストの間を通り抜け次の店舗に向かった。

後日MIKIYAMAが所属している知り合いのスーパーバイザーと話をする機会があった。

「坂上さん、先日私の店舗の三木山にスターキャストカードを渡したでしょう。彼はすごく喜んでいましたよ」

「それは良かった。でも最初はキョトンとしていたよ」

「それはそうでしょう。坂上さんは事務課で違うセクションだから知らないのが当然で、そんな人から急にカードを渡されたらキョトンとしますよ。キョトンといえば、三木山はなぜ自分がカードをもらえたのか不思議がっていましたよ。トレーニングで習った当たり前のことをしていただけなのに、と言っていました」

「う〜ん、当たり前か。その当たり前が、普通に日常的になかなかできないんだよ。挨拶にしてもそうだし、ちょっとした気遣いもそうだし、彼の場合はその当たり前を自分のものにして自然にやっているんだよ。特別なサービスをしなくても、ＳＣＳＥが身についていて自分のできることでゲストに一生懸命対応する、これも大切なことだと思うよ」

「それで三木山の何がスターキャストカードの対象になったんですか」

「まずゲストへの挨拶、声がけだね。『コンニチハ』と声がけをし、『ようこそパークへ』という初めの挨拶から、商品買い上げ後の『ごゆっくりお楽しみください』という見送りの挨拶までしていた。ゲストはもう出口の方へ向かっていたが、彼女には聞こえていたと思うよ。まあ、背中で聞いていたとでもいうのかな。それから袋詰めも、文具とぬいぐるみバッジを分けて、テキパキしていたし、商品を渡すときは、相手のゲストがちゃんと受け取るまで両手で袋を支えていたよ。ＳＣＳＥの最初のＳセイフティとＣコーテシーを気にかけた対応だと思った」

「へぇ〜、そうだったんですか。今度三木山に会ったとき、いまのことを伝えておきますよ。ところで最近キャストの間で、『日頃あまり見かけない背広の人が店に来るようになったけど、何か私たちをチェックしているのかな』と噂になっていたんですが、このことだったんですね。朝礼や昼礼でスターキャストのことをもっと話すようリーダーたちに言っておきます」

と、彼は納得したように言った。

## 4

パークの現場では、スーパーバイザー以上の管理監督職はコスチュームではなく、私服にディズニーの名札を付けて勤務している。もちろん男女ともディズニールックと言われる身だしなみ規定に準じた服装ではあるが、現場がメインのスーパーバイザーと違ってマネージャーやアシスタントマネージャーたちは、直接ゲストと接するフロントラインのキャストには顔なじみがない。パークのキャストと現場スタッフにこの活動を浸透させるには、カードを数多く配るのが一番わかりやすい。それには協議会の五部門のマネジメントに頑張ってもらうしかない。

スターキャストカードが使用され始めてから一ヶ月が過ぎている。協議会の事務局としてカードの管理をしている私は、関係部門のマネジメントごとに一ヶ月目のキャスト配布数を集計した。アトラクションと清掃警備部門は比較的多く配布されているが、その他の三部門はかなり少ない数である。新しいことはそう簡単には浸透しないものだが、商品店舗のキャストのように積極的なマネジメントの行動が誤解されるのもよくない。

この集計表をもとに五人の事務局員で推進策を考えた。一つは事務局長の今宮にパーク部門会議で議題にしてもらい、部門長から自部門のマネジメントに奮起を促してもらう。もう一つは、自分たち事務局のメンバーが部内からこの活動を盛り上げていく。自分たちができることとして、近しいマネージャーや親しいアシスタントマネージャーを誘い、一緒にパークに出てキャストの良いところを褒め、この活動に慣れてもらう。現場のスーパーバイザーとリーダーには、カードを貰ったキャストについて、朝礼や昼礼で頻繁に話題にしてもらう。そして、ユニバーシティ課発行のキャスト向け機関紙には、カードについての記事を載せてもらうことを申し合わせ、さっそく動き出した。

この日早出で出勤していた飲食フードの田中は、メニュー担当のマネージャー友川を誘い出した。友川と田中は新メニューやイベントメニューなどについて、話し合う機会が多い。従業員食堂で早めのランチを一緒に食べ、昼時の頃からパークの様子を見始めた。

まずは一番混雑しているトゥモローランドの大型ハンバーガー店舗に行き、店内のゲストの様子と調理場のキャストの動き、食材の保管状況などを見る。忙しいながらもリーダーの指示のもと無難なオペレーションをしている。次にファンタジーランドにあるバフェテリアスタイルのレストランに行く。バフェテリアとはビュッフェとカフェテリアを合わせたスタイルのディズニー造語である。ここはイベントメニューを提供しているレストランなので、裏の調理場のバックステージから入り、店舗のコック担当にメニューの評判を聞く。店内からパーク内のオンステージ側に出てみると、パレードルート沿いにゲストが集まっていた。昼のパレードが始まる時間帯になっている。

ルート沿いに集まりだしたゲストの合間を通り抜けて、ウエスタンランドのショーレストランに二人は歩を進めた。レストランの中はショーが終わったあとなので、キャストたちが食事の後片付けをしながらテーブルを整えているところだった。店内から内鍵の扉を開けて外へ出ると、昼のパレードを見物するゲストでルート沿いはもう一杯になっていた。店の外側の庇部分は、地面から少し高くなった木床の通路になっている。パレード時には集まってくるゲストの安全確保のため、各部門から応援のキャストがルート沿いに配置される。内扉から出た木床のところには、この店のベテランキャストがおりゲスト案内をしていた。このキャストは、田中の顔見知りだったのでいつものように声をかけた。

「やあ沢松さん、元気してる？」

「はい、元気でやってます。今日は何ですか？」

「今日はね、こちらの友川さんと店舗の巡回・パークウォークスルーをやっているんだよ」

「パークは日差しが強いけど、頑張ってね」

田中と友川が声をかけて彼女から離れたあと、すぐに一人の幼い男の子が彼女に近づいていった。田中は友川に合図して、声が聞こえるぐらいの少し離れた庇の内側でその様子を見ることにした。

「あの、すみません」

「はい〜、コンニチハ。なんでしょうかぁ」

「あの〜、三時のパレードは何時ですか」

「三時のパレード、だね」

「うん、三時のパレードだけど何時ですか」

「う〜ん、三時のパレードねぇ〜。え〜とねぇ〜、え〜と三時のパレードは三時十分だヨ」

「ああそう、ありがとうお姉ちゃん」

「あっ、ぼく走らないでね。そこに段差があるから、気をつけて。ゆっくり地面に足をつけてから行ってね」

「うん、じゃ〜ねぇ〜」と言って段差を下りてから、その男の子は少し離れたパレードルートに座っているお母さんのもとへ小走りに行った。

男の子がお母さんに何か耳打ちしているようだった。するとそのお母さんが、キャストの沢松に向かって笑顔で軽くお辞儀をした。沢松はずっとその男の子を目で追っていたので、お母さんの仕草にすぐ気づき彼女も軽くお辞儀をし、二人に手を振った。これを見ていた田中と友川は少し周りの様子をみて、もう一度沢松に声をかけた。友川が聞く。

「今の男の子とのやりとりが聞こえていたけど、なんで三時のパレードが三時十分なんだい」

「私も一瞬、頭の中が、はてなマークだらけになったんですが、ふっと閃いたんです。昼のパレードがこのあたりにやってくるのは、スタートしてから十分ぐらい経ってからなんですよ。それで三時十分と言ったんです。男の子が納得してくれたので良かったです」

「なるほど、そうだったのか。よく閃いたね」

と言って友川は自分からスターキャストカードを取り出し、その場でＳＴＡＲＳの〝Ｒ 親切丁寧なご案内〟にチェックを入れ彼女に渡した。

友川は田中に、

「僕だったら三時のパレードは三時だよ、と言いかねないね。その点彼女は、子供だからといって簡単にあしらわなかった、さすがだ。すべてのゲストがＶＩＰということを実践しているね」と耳打ちした。田中は友川に、「そのことに気づいた友川さんもさすがですよ」とそのときの素直な気持ちを口にした。そして田中は、毎日いろんなゲストサービスが行われていることを改めて実感した。『毎日が初演』というディズニーの言葉が頭に浮かんでいた。

## 5

アトラクションや飲食フード、それに商品店舗には、それぞれにリーダーオフィスと呼ばれる現場事務所がある。机が一つだけのところや、ガラス張りでいくつかの店舗を統合した事務所、ストックルームの一角に設けたものなどさまざまである。そのようなリーダーオフィス近くの通路壁には掲示板が並んでいる。スターキャストカードの活動が始まって三ヶ月ほど過ぎた頃から、これらリーダーオフィスの掲示板にパーク情報や新メニュー、イベント商品などの紹介と共にカードを貰ったキャストのコメントが張り出されるようになった。またキャスト向け機関紙にも、カードの現物写真とキャストのコメントが掲載され始めた。現場での朝礼や昼礼でも、リーダーやスーパーバイザーがスターキャストカードのことを、ことあるごとに紹介するようになった。

スターキャストカードについて受け取るキャストの認識も高まり、渡すマネジメントも慣れてきた頃、家族で撮った記念写真にほとんどお父さんが写っていないというゲストの声が、アトラクションや清掃警備のキャスト間で噂になっていた。家族で写真を撮るときは、お父さんがカメラマン役になることが多い。グループで写真を撮るときは、グループの誰かがシャッターを押す役になるのでその人は写らない。このことを現場でスターキャストカードを渡すときに耳にした、両部門のマネジメントが部門間の連絡会議のとき、お父さんの代わりにキャストがカメラのシャッターを押してあげたらどうだろうか、という話になった。状況判断できるベテランキャストの一部は、ゲストから頼まれれば少し時間を割いて自分の裁量で写真を撮るようにしているが、これも大切なゲストサービスの一つだということが、マネジメント側も日頃のパークウォークスルーで実感していた。このカメラサービスを通常のゲストサービスにすることで、現場の仕事に支障が出ないようスーパーバイザーとリーダーに工夫してもらうことにした。アトラクションではポジションの交代、清掃警備では担当エリアでの勤務時間など制約があるが、担当者間で連絡し合うことや時間的なバッファーを設けるなどそれぞれの担当で工夫するようになった。また、ポジションに拘束されないリーダーや、担当柄パーク内移動ができるスーパーバイザーたちが、このことをきっかけに自分たちもカメラサービスをするようになった。このカメラサービスは次第に他の部門、飲食フードや商品店舗まで広がっていった。

ゲストに頼まれて状況判断できる一部のベテランキャストが行っていた写真撮影だが、ゲストの事情と世界で一番幸せな場所を提供する、というパークの理念やファミリーエンターテイメントなどのコンセプトに照らし合わせると、これは大切なゲストサービスであるというのがマネジメント側からの視点である。スターキャストカードを持ち歩くことが習慣になってきたマネジメントは、パークに出るときは今までのようなウォークスルー、つまりパークを単に歩き回ったり通り抜けたりというのではなく、キャストの言動とゲストの動向を観察するのが主体になった。そこで、行動基準のSCSEをキャスト目線とマネジメント視点から考えるようになってきた。今回のカメラサービスは、役職の人が命令したとかパーク部門会議で決定されたなどというものでなく、現場でのゲスト対応から自然発生的に形になったものである。

パークサービス協議会の事務方的な役割を担っていた私の仕事は、配布されたカードの部門別のとりまとめやカードの追加発注・在庫管理など、初期の頃にくらべ量的に多くなり、また煩雑になっていた。加えて、カード回収をお願いしているユニバーシティ管轄のキャストトセンターとのやりとりも増えている。パーク運営五部門におけるスターキャストカードの認知度も、新人キャストからリーダー、スーパーバイザー、マネージャー、部門長まで浸透した。当初懐疑的であった多くのマネージャー、アシスタントマネージャーたちにも理解が得られ協力的になってきた。私は他の四人の協議会メンバーに、次のステップに移る時期ではないかと打診してみた。アトラクションの立花が事務局長の今宮に連絡をとり、スターキャスト制度の今後について五人のメンバー全員と話し合う場を設けた。

「今宮さん忙しいところ時間をつくっていただきありがとうございます。この会議室でスターキャスト制度について、神田役員も同席してもらった説明会から半年ほど経ちますが、今日は今後の展開について我々の話を聞いて貰いたいと思います」

と、立花は力を入れて切り出した。

「今日の話し合いは、私にとってもいい機会だと思う。協議会メンバーの意見を是非聞きたいね」

「我々の提案した、褒める活動によるパークの基本コンセプトとSCSEの行動基準の浸透、マネジメントの意識改革も狙ったスターキャスト活動は、対象としたパーク運営五部門で当初の目標は達成したと思います。この時点で一区切りつけて、次のステップに向けたものにしたいと考えています」と、本題に入る。

「私も立花さんの言ったメンバーの総括には同意するが、次のステップというのはどういうことなんだい」この質問を受けて河津が発言した。

「次のステップというのは、この活動を現在の五部門から倉庫や整備技術などパークサポート部門を含めたものにすることです。そして近い将来、営業や本社部門も含めた全社的な活動にもっていきます。パークはサポート部門はもちろん、営業や本社部門も含めて一体となって運営されているものですから、全社的な活動になって初めて意味があります」

「そのためには、全社を対象とした業務担当になる人事部のユニバーシティに協議会の事務局を移していただけないか、お願いしたいと思います」

パークサービス協議会の事務方役をしている私が続けた。

「特定の部門でつくられた協議会メンバーにより推進している活動ではなく、テーマパーク事業に携わるすべての部門で行われるものにするため、協議会自体もなくしてはどうかと考えました。つまり、日常の仕事の中にスターキャストのアイデアと制度を組み込んでしまう、組織にビルトインしてしまうことを目指したいのです」

「う〜ん、君たちの言っていることはわかる。どうしたいかという方向性もうなずける。協議会の今後については神田さんとも話し合っているところだ。しかし、次のステップのサポート部門はかなり業務内容が異なるが大丈夫かな。さらに本社部門も巻き込むとなると理想はいいが、現実問題としてかなり難しい面があると思うよ」

との今宮のコメントに一瞬緊張が走る。だが、

「実はまだあるんですよ。スターキャスト制度の対象部門に加えて、カードの配布者対象を今後は部門長も含めたマネジメントから現場監督職のスーパーバイザーまで、ゆくゆくは拡大できないかと思っています」

明るい声で歯切れよくポンポンと立花が発言した。

「おいおいそんなことまでやろうとしているのか」

深刻になりかけた雰囲気が、立花とこの今宮の発言で和らいだ。

「我々は今後もこの褒める活動を日常業務の一環として、すそ野を広げていきます。事務局としての旗振り役は人事部門にしていただき、現場ではすでに多くの実践者がいますので、我々も含めて引き続き啓蒙していきます」

落ち着いた口調で田中が言うと、小島も、

「そのうちこの活動が、誰が始めたとかいつ始まったとかという疑問もなく、当たり前に日常業務に組み込まれていることが我々の理想です。この活動のヒーローはゲストに幸せの場を提供したキャストであり、その言動を見届けたマネジメントだということです」

立て続けにしゃべるメンバーに向かって、

「まあ、そうたたみかけるなよ。君たちのもくろんでいることは、日頃の雑談や下の食堂で会ったときなど、即席のプチミーティングなどで大体は見当がついているよ。会社としても次の大きなプロジェクトが進行しているので、一区切りつけるのにいい機会だと思う。スターキャスト活動について、今までの総括と今後の方向性を簡潔にまとめてくれないか。この協議会を発足したのは向こうのトップダウンのやり方ではなく、ミドルアップ&ダウンなんだ。この活動が会社組織の中で根付くよう、協議会として最後の仕上げにとりかかる。君たちも一緒だよ。もうひと踏ん張り頑張ってほしい」

と、今宮はメンバーを励ますように言う。

このあと、資料作成に日数は費やしたものの、年明けにパークサービス協議会は解散し、スターキャスト制度の事務局は人事部のユニバーシティ課が担うことになった。

# 第七章　新プロジェクト

1

私をうまく言い含めて、商品部のパークサービス協議会メンバーに推したのは倉本である。あのときはプラスアルファの仕事だと言われ、片手間でできるものと思い引き受けたが、やってみると面倒なことが多く一杯食わされたと思った。しかし協議会をやり終えた今、私は倉本に感謝の気持ちでいっぱいだ。ディズニーのゲストサービスと、おもてなし精神の日本的なサービスを融合させるには、マネジメントスタイルや企業文化、組織風土を新しくつくる必要があると、青臭いことを言っていた私をよくメンバーに推してくれたものだ。私はこのスターキャスト制度の導入定着に携わることができ、社内的なコミュニケーションのとり方や手順など、多くのことを経験し学ばせてもらった。

スターキャストカードも定着し始め、私は本業に落ち着いて向き合えるようになった。商品販売でのゲストサービスとはどんなものだろう。来園されたゲストが、お土産にパーク商品を買われるのはなぜだろう。改めて考えてみた。今では、ディズニーストアやファンシーグッズ店などでディズニー商品は街中でも手に入る。それをわざわざ入園料を払ったパークの中で購入される。東京ディズニーランドというロゴマークが商品に付いているから、実際にパークに来た証拠という意味もあるだろう。しかし自分のために求めるゲストもたくさんいる。旅行で来園されたゲストは、自分のためと家族や友人、近所付き合いの人に買われることも多い。

パークで販売しているぬいぐるみ、例えばミッキーやミニー、ドナルドなど、退園時に買われることが多い。おそらくパークで過ごした思い出に買われるのだろう。それは、ぬいぐるみのみならず、ボールペンやメモパッド、お菓子類にもゲストのその日の思い出が込められているに違いない。とすると、商品販売を担う店舗キャストは、ゲストがパークで幸せな気持ちになった思い出を商品に託して持ち帰る、そのお手伝いをするのが本来の役目ではないだろうか。店舗業務に慣れてくると毎日同じことの繰り返しになり、商品補充やレジ清算など目先の作業が優先になりがちである。そして、勤務時間の消化と自分たち内輪のことに意識は向いてくる。いい機会なので、商品販売のフォローアップトレーニングを見直すことにした。

## 2

日常の忙しさが増し日々の仕事の中に埋没するようになった頃、会社は大きなプロジェクトを始動すると社内に発表した。第二テーマパークの建設である。新しいプロジェクトが計画されているということは既に知られていたが、正式に発表されるといよいよという実感がこもる。

そして私にも大きな転機が訪れた。この頃倉本はすでに商品部長になっており、私は後任の販売次長から異動を言い渡された。人事部の採用課である。パークで働くパートやアルバイトの従業員を準社員と呼んでいるが、その準社員の採用と人事制度を担当する課であり、私はそこの課長として異動することになった。以前同じパークサービス協議会のメンバーであったアトラクションの立花、清掃警備の河津、飲食フードの田中、エンターテイメントの小島はそれぞれの部門で、すでにマネージャーになっていた。彼らから、社員と準社員を含め何百人という組織の長という責任の重さと、組織目標を達成するためのリーダーシップや担当者のやる気をどうするかなど、多岐にわたる仕事の内容と奥深さを聞かされていた。同時に、組織の長として仕事の改革と手順を改善できる醍醐味も聞いていた。今度は私も同じ立場になる。

出勤は今まで通っていたパークの裏手にある現場事務所から、正門に入ってすぐの本社棟群の一画になった。勤務体制は、今までの早番・遅番や土日祝日勤務、平日休みのシフト制から、九時出勤、土日祝日休みの定時勤務になった。

異動して早速、副課長の中西から準社員採用の年間スケジュールと、社外の会場を借りて行う大規模大量採用について説明を受けた。すでに次の日程が迫っているので、社内での事前準備と開催会場の視察など、テキパキとバイタリティーのあるアトラクション出身の中西と一緒に行動することにした。大規模採用面接の当日、会場になっているJR総武線の駅前ビルに着いた。パークのある舞浜から車で三十分ほどのところである。このビルはJRの駅から陸橋でつながっており、二階の入口からすぐのところに面接会場がある。受付には大きなミッキーのぬいぐるみが椅子に座っており、その周辺はパークの風景写真がパネルで何枚も配置されている。これだけでもテーマパークらしい雰囲気が出ているが、会場にはディズニーのBGMも流れており、面接というよりはイベント会場といった感じだ。二日間の予定で開催するこの面接会は、朝の十時から始まり午後八時に終わる。会場にはパーク運営部門から面接官として応援に来ている数十人のスーパーバイザーたちが、応募者と小型テーブルを挟んで一対一で面談をしている。

一日目はまあまあ予想通りの面接者が集まったが、二日目は一日目の半分ぐらいの人数であった。それでも千人を優に超える人が訪れるので、その後の事務作業が大変である。採用課では、スーパーバイザーたちが行った面接書類のチェックと整理、各部署から要請されている配属人数と就業時間帯など確認してから、採用確定者に連絡する。これらの作業がスムーズにいっても、かなりの日数を要するが、連絡がとれない面接者や辞退者などもあり一筋縄にはいかない。こういった採用業務の流れと現状をつかみかけた頃、今後の準社員採用計画の話がもたらされた。副課長の中西と本社棟の人事部にいくと、部長の今宮が、担当役員である寺本の執務室へ我々を連れていった。今宮はパークサービス協議会の解散の目処がついた頃、すでに衣装部から人事部長として本社へ異動していた。

「今日は第二テーマパークの人員構想について、特にパーク運営を担う準社員について話がしたい」と、ソファーにどっかりと座った寺本が切り出した。

「第二テーマパークは、現在のＴＤＬとほぼ同規模のものになる。しかし、運営はＴＤＬの七割の人員で行う、というのが我々の方針だ」

「七割というと、ＴＤＬの準社員在籍者が一万一千人なので七千人から八千人の規模になりますね」と、採用の実務を把握している中西がすかさず反応した。二人はパーク運営のアトラクション出身なのでお互いに気安さがある。

「そうだ。それを七千人の人員で新パークを運営する。これから今宮さんと私とで、パーク運営部門と話し合いを進めていく」

「各部門とも第二テーマパークの運営計画に手をつけ始めたばかりなので、要員計画も今の段階から関係部門と協議を重ねていくことにしている。そのためには、新たに七千人の準社員を採用できる体制を整えなければならない」

今宮がチラッと私に目をやりながら付け加えた。

「新たに七千人と言われましても、現在の在籍者の補充も同時にやっていく必要があるので、実際にはかなりの人数になると思います」これを受けて中西が、

「準社員でも専業の人たちの定着率はいいですが、春休みや夏休みに働いている学生

アルバイトの入れ替わる回転率は高いです。大規模大量採用は年二回、春と秋に行っていますが、各部からの人員要請補充率は一〇〇％ではありません」

次いで私も、

「今まではＴＤＬワンパークを対象とした採用体制でしたが、それをツーパーク体制にする必要があります。採用方法や事務手続きなど変えていかなければなりません。そのための予算も必要になりますが」と発言した。

「坂上さん、それはあとで話し合おう」と、今宮が遮った。細かい話は今はいいといった感じだ。一呼吸おいて寺本が言う。

「人員の確保だけでなくＴＤＬのオープン時と違うところは、キャストによるパークでのホスピタリティサービスがすでにブランド化しているということだ。このサービスの質を薄めることなく、第二テーマパークを運営しなければならない」

今度は今宮が、

「考えられるのは、現在ＴＤＬで勤務しているキャストの半数を第二テーマパークへもっていき、そこへ新たなキャストを補充する。そうするとキャストのサービス品質が、両パーク共二分の一に薄まってしまう可能性があるということなんだ」

「それは採用だけではなく、研修・トレーニング、そして現場での育成など一連の教育体制とも絡んできますね。採用した人材をスムーズに現場部門に配属し、一日でも早く育成することだと思います。採用、教育、配属する関係部門との連携がより必要になります」

「坂上くん、課題はこれからも出てくると思う。第二テーマパークオープンまで、時間も限られている。パークでの経験を活かしてやっていってもらいたい」

落ち着いた声音で寺本が言った。

## 3

この話し合いのあと、中西と私は課の事務所に戻り現在の業務とツーパーク体制の採用方法について、思いつく対策を出し合った。課内での話し合いには、事務担当率いる竹野も加えた。竹野は律儀で慎重な男である。三人それぞれの役割分担に応じて宿題をつくり、二週間後に改めて話し合うことにした。竹野は課内での事務手続き、中西は採用体制、私は関係部署との連携についてである。

この二週間、竹野は課内で何度も担当者と打ち合わせを行い、中西は人員要請部門の担当者と、私は外部の求人広告業者や社内教育部門と話し合った。

そして持ち寄った課題と対策案は大小さまざまだったが、ポイントとしては次の六点である。

・大規模大量採用の回数を増やす
・本社にある面接センターを常時開催する
・現場からの準社員推薦制を提案する
・課内事務手続要員として準社員を採用する
・採用活動の外部周知充実及び拡大。（新たな広告媒体と方法）
・入社手続きと教育研修の一元化、部門配属までのスケジュール短縮

この中で大規模大量採用について、三人の話し合いは次のようなものであった。まず中西から、

「ＴＤＬキャストの補充と今後の新パーク要員の採用を考えると、現在実施している大規模大量採用を年二回から最大四回まで増やし、開催日数は今の二日から三日間にする必要があります。また、社内にある面接センターで行っている採用を、大規模大

量採用の補足ではなく、年間を通じて行う常設採用センターにしなければなりません」

「大規模大量採用で面接をお願いしているパーク部門からのスーパーバイザーも、今までよりたくさん必要になりますね」

と竹野が応答する。

「そうなんだよ。でも、これから面接をお願いするスーパーバイザーには、午前中だけとか午後からとか可能ならば数時間でもいいといった、パーク勤務のシフトと調整できるようにすれば協力は可能だという感触は得たよ」

少し楽観的な中西に対して私は、

「いやあ、パーク部門もこれから人員的には厳しいと思うよ。それに実施会場が今のようにパークから離れていると、公共交通機関を利用して往復する時間も考慮に入れないとね」

「それなら、パーク近くのオフィシャルホテル群にあるＭＪホールはどうですか」

と竹野、それで何か閃いたように中西が、

「なるほど。これから大規模大量採用は年間を通じてＭＪホールにすればいいんだ。

最寄り駅が舞浜というのも応募者にはわかりやすいし、面接会場のセッティングも同じところだといろんな工夫ができるよね」

「中西さん最大年四回というのは、面接官としてたくさんのスーパーバイザーに協力してもらわなければなりませんが、大丈夫ですかね」

もう一度竹野が心配そうに聞く。

「それは、ツーパーク体制にしていくのに必要なことだから、現場も理解してくれると思うよ」

しかし私はパークの現状から、人員を他部署へ出すのは現場に相当負担がかかっていると感じた。そこで提案してみた、

「面接員は、スーパーバイザーの他にリーダーも対象に加えたらどうだろうか？　対象が増えることで、現場もスケジュールしやすくなるし、リーダーたちにも良い刺激になると思うんだけど」

すると竹野が、

「初めて面接する人には採用課で、面接者としての心得や注意事項など事前に行っています。こちらも負担増になりますが、そこはお互い協力し合うということですね」

　このようなやりとりが続き、打ち合わせは日にちを置いて何回も行われた。ある程度目処がついたところで、部長の今宮に課としてやろうとしていることを説明した。

「今宮さん、二パーク体制の準社員採用計画について課で三つの施策を考えました。一つは大規模大量採用を最大年四回にし、面接センターを通年で開催すること。二つ目は、今までのキャスト経験者を呼び戻す準社員推薦制を導入すること。三つ目が、採用活動の外部周知充実を図ることです」

「三つ目は当部と君の課でやれるが、あとの二つは関係するパーク部門が絡むので、交渉ごとになるな」

「大規模大量採用の面接者としては、現場のリーダーも加える予定です。また準社員の推薦制は、都合で退職したキャスト経験者と、リーダーやスーパーバイザーが辞めたあとも、連絡をとり合っていることが多いということからなんです」

「こちらサイドとしてはいいが、パーク部門もツーパーク体制に移行しているところだからね。すんなりと推薦制を受け入れてくれるかどうか」

「そこでお願いなのですが、その交渉ごとの案件を今宮さんと一緒に、まず関係部門長から始めたいのですが」と私は提案した。

「おいおい私も結構忙しいんだよ。組織もツーパーク体制に膨らむことだからね」

「実質的なところは私と中西さんでパークのマネージャーと話を進めていきますが、まずは部門長へ施策を説明し了解をいただいた方が、組織上動きやすいと思うんです。いわゆるミドルアップ&ダウンというものですね」

「それどこかで、聞いたような言い回しだな」

「お気づきですね。パークサービス協議会での今宮さんの言葉ですよ」

「君は変なところで変な言い回しを持ってくるね。まあいい、一緒にやるか」

パーク部門に関わるものは、部長と私でまず説明し、その後中西と実務担当の竹野も含めて各マネージャーに具体的な相談を持っていった。また、人事部内では来年度の採用予算も確保し、特に面接センターは常設用に改装しなければならないので、前倒しで計画を実行することになった。

## 4

新パーク構想は単にテーマパークをもう一つ増やすというものではなく、滞在型で宿泊施設、つまりホテルも一体化したものになる。また、舞浜駅から自前のモノレールでツーパークをつなぎ、駅舎はこれも舞浜駅前に建設する複合商業施設に直結させるというものである。会社はこの新パーク構想と同時に新しくホテル事業にも乗り出すことになる。完成した暁には、舞浜一帯に二つのテーマパークと、ディズニーと名のつくモノレール、ホテル群が出現することになる。つまり舞浜に滞在型のディズニーリゾートができるのである。

舞浜駅周辺や建設用地にダンプカーが行き交い、道路に砂ぼこりが舞うようになってきた頃、一つの試みとして、年四回の大規模大量採用と面接センターを常設とした採用活動を行った。採用課の事務所にはほとんど課員はおらず、連絡役の担当者が交代で電話番をする日が続く。私は、「この光景、どこかで見たようだな」とふっと思った。すぐには思い出せなかったが何日目かに、「そうだ、これは私がカリフォルニアのロングビーチから帰国し、成田からそのまま当時のオリエンタルランド社のプレハブ棟の採用課を訪ねたときのものだ」と思い出がよみがえった。あのとき、会社は東京ディズニーランドを建設中だった。今は、カリフォルニアのディズニーリゾートにも見劣りしないものが、ここ舞浜に建設されつつある。

この年、年四回の大規模大量採用と通年の面接センターで年間二万人の面接を行い、七千人の採用ができた。採用者の三分の一は新パーク要員として、TDLで経験を積むキャストである。現業部門の協力により、パークで働く各部門のリーダーも面接者としてたくさん会場に来てくれた。私は、一回目の面接会場に来てくれた飲食フードのリーダーからこんな相談を受けた。

リーダーの彼が言うには、

「今、面接しているのは男子大学生で茶髪なんですよ。私がキャストの服飾規定を説明して、髪は黒で清潔にしておくこととなっているけど、大丈夫かなと言ったんです。すると彼は、黒く染めてやってもいいと言うんです」

「なんだい、その黒く染めてやってもいい、という言い方は」

「そうでしょう。面接を受ける態度も、足組みをしたりするんです。その他にも、俺は親がディズニーのキャストになって常識を習えと言うので来ただけだ、と言うんです。でも、親に言われて面接に来ること自体どこか素直なところがあるし、言い方態度こそ横柄ぶっているものの、真面目なところも見え隠れするんですよ。何というか、一昔前の私のような感じなんです」

「へぇ〜、それでどうしようというんだい」

「早番遅番の勤務時間もＯＫだし、髪も黒くすると言っているし、彼を採用できないものかと思うんです。パークの早番と遅番どちらも勤務できる人はそういないですよ。それに、私の職場の話をしたら、そこでもいいと言うんです」

なんとかこの学生を自分の職場に採用できないものか、という彼の気持ちがありありと伝わってきた。それで私は、「そうか勤務時間と職種のマッチングができたんだな。それでいいと思うよ」と返事した。


三ヶ月後、面接した飲食フードのリーダーから、男子大学生のこんな手記が送られてきた。

――家でふてぶてしい態度の俺を見てオヤジが『ディズニーキャストにでもなって礼儀を習ってこい』と言うので、どうせダメだろうと思ってキャスト面接を受けた。どういう風の吹き回しか知らないが、キャストになったものの、俺はハピネスとかコーテシーとかスマイルだとか、嘘くさくてやってられねぇと思っていた。それが、どうしたというのだ。今では、コンニチハとゲストに挨拶し、仲間ともスマイルで話す自分がいる。私は気づかぬうちにディズニーのお兄さんになってしまいました――。

この手記を見て、パークの人間が面接者になるということは、自分がキャストになろうとしたときの気持ち、初心の気持ちを蘇らせること。自分たちが働いているパークと自分の職場を見つめ直すきっかけにもなることがわかった。

準社員の採用は、新パークの開業前だけでなく開業後も年間を通じて大量の人数が必要になる。そうすると今後もパーク部門からの面接者応援が必要になる。応援者にもメリットになるものを考えて、パーク部門との今の協力関係を常態化しなければならない。求人広告の出し方や、ポスターなども斬新なものにしたい。面接センターを常設にしたことで、その運用方法も効率のよいものにしていきたい。できれば、私がロングビーチ時代にカリフォルニアのディズニーランドで体験した、インターンシップの日本版を導入したい。フロリダのウォルト・ディズニー・ワールドでは、大学生を対象にしたインターンシップ、カレッジプログラムがある。夏にはこのカレッジプログラムのために、全米から学生がフロリダにやってくる。いろんな思いや課題が出てくる中で、準社員採用も三年目に入った。

## 5

運営部門も新パークを担う部署が、具体的に動き出している。アトラクション、飲食フード、商品販売など、新規施設の設備と運用について部門の担当者は、建設プロジェクトと米国サイドとのやりとりを頻繁に行っている。新パークは、「東京ディズニーシー」と命名されており、対外的にもこの名前を使うようになっている。準社員採用は、大規模大量採用と面接センター通年開催などで、人数的にはなんとか目処がついたが、まだまだ課題山積みでこれからが勝負である。

そんな折、部長の今宮から呼び出された。いい機会なので今後の予算について相談しようと思っていくと、何と私の異動の話だった。教育部へ行ってくれというのである。ディズニーユニバーシティと準社員プログラム、パーク運営のマニュアル統括、社内報の発行、それにキャストの福利厚生をサポートするキャストセンターなどが部門業務である。以前は人事部の中にユニバーシティ課として入っていたが、業務拡大のため単独部門になっている。

採用課は中西があとを引き継ぎ、私は担当役員が部門長兼務の教育部へ行くことになった。今宮は私に異動の話をしたあと、表情を引き締めて「頑張ってくれ、チャレンジを忘れるな」と穏やかに言ってくれた。

教育部でまずとりかかったのは、採用手続きと新人キャスト研修の一元化だ。部門が異なるので入社手続は採用課で行い、後日教育部の日程に合わせて新人キャスト研修を受けてもらっている。教育部も配属部門の部門トレーニング日程と連携しているので、採用課の入社手続きの日程との調整はかなり難しいものがあった。そこで少しでも採用者の部門配属を早めるため、新人キャスト研修の最初の部分を入社手続きに当てた。中西と話し合って、入社手続きは採用課の担当者に行ってもらうことにした。当然、新人キャスト研修の時間配分と内容を変えなければいけないが、それは教育部で対処できることだ。

ツーパーク体制でキャストが増えていくなか、既存キャストの底上げとモチベーションの維持、さらには一体感の醸成など教育部もたくさんの課題がある。そのため、パーク部門で新人キャストを指導するトレーナープログラム、中堅ベテランキャストへのフォローアップ研修等、この機会に見直す必要がある。

久しぶりにパークの様子をみようと、スターキャストカードを持ってオンステージに出てみた。今ではこのスターキャストカードは、パーク運営をサポートする部門の管理職層も対象になっている。アニメーションという二次元のディズニーの世界を三次元にした東京ディズニーランドは、パークに来られたゲストがその想像の世界に入り込めるところである。

私の足はいつの間にかウエスタンランドに入っていた。蒸気船・マークトウェイン号乗船場の前を、ウエスタンリバー鉄道がやってきた。機関車の運転キャストと客車に乗っているゲストが、パークを歩いているゲストに向かって笑顔で手を振っている。私はこんなシーンを見るたび、なんだか嬉しくなる。内ポケットに入れてあるスターキャストカードを手にして見た。魔法の粉を振りまいているティンカーベルのイラストがある。魔法の粉を振りまくのはキャストである。スターキャスト活動を始めた頃がフッと甦る。

少しして事務所へ戻ると、キャストセンター担当の社員が私のところへ来た。スターキャスト活動について提案があるという。それはカードを貰ったキャストたちを称える、ちょっとしたパーティの開催だ。内容はこうだ。パークオープン前にパークの施設を使って行う。カードを貰ったキャストたちを招待し、カードを渡す側の各部のマネジメントが出迎える。朝食代わりになる軽食を提供しながら、キャストを称えるショーなども含めて三十分程度の規模とする。担当者は、これはいつも私が言っているキャストの仲間意識の醸成、部門を超えたキャストとマネジメントの一体感を促進するものです、と言う。

これを実現するには、かなりの社内調整が必要になるが、開催する趣旨と担当者の熱意に押された。いろいろ紆余曲折はあったが、飲食フードとパーク運営をつかさどるアトラクション、エンターテイメント部門、清掃警備がいち早く賛同してくれた。何か以前のパークサービス協議会を思い出す。新パークプロジェクトが進行する中、このスターキャストパーティも定期的に開催する運びとなった。

## 6

パークの評判は、直接ゲストにホスピタリティサービスを提供するキャストの対応で、良くも悪くもなる。パークはもちろんキャストだけで運営されるものではないが、サポート部門やマネジメント、経営層も含めて人は財産であるということに異存はないだろう。空席になっていた教育部の部門長を迎えて、教育という表現がハピネスを提供する私たちの事業に何か違和感があると話し合うようになった。英語ではeducationで、引き出す（educate）という意味があるが、日本語ではなんだか上から目線で教え育てるというニュアンスが強い。そこで新しい部門長は部門名を、人は財産だということを前面に出した人財開発部に改めた。新部長との話の中で、例えば人材の材は材料で料理の仕方により変わってくる、人在とするとそこに存在するだけの人になってしまうね、などと冗談を言い合ったりした。

新パークは日に日にその姿を現し始めた。ＴＤＬで培った経験とノウハウを新しいパークへ引き継ぎ、さらにはリゾートとして継ぎ目のないホスピタリティサービスの構築に向けて時間は限られてきた。パーク部門もツーパーク体制づくりのラストスパートに入っている。残された時間で、キャストの当事者意識と一体感醸成のため次のことを行った。

・キャスト向け機関誌のサイズをＢ５からＡ４にし、名前もリゾート向けに変更。パ

ークのイベント情報やキャスト活動等、多くの写真を使って紹介できるようにする
・動画や静止画像を使ったビデオ番組を作成する。メインの従業員食堂にモニター画面を設置し、新規イベントやパレード、新パークの進捗状況などを画像で従業員に紹介する。必要に応じて英語版も挿入。
・ペップラリーの開催。新パーク建設終了後、プレビュー前に実施した新パークキャストによる記念集会。海のパークにちなんだ青色を使い、新パークのロゴを入れた小旗を作り、集まったキャストに配布する。ペップ（Ｐｅｐ）とは、口語で元気とか気力、激励するなどの意味がある。

## 7

その日は厚い雲に覆われどんよりと曇っていた。時折、霧雨のようなものがぱらつく空模様であるが、早朝からメディア関係者がたくさんパークの内外で取材している。今日は新パーク、東京ディズニーシーグランドオープンの日である。パークに入るエントランスは北側と南側に分かれ二ヶ所になっているが、両方とも開園を待つゲスト

で一杯である。エントランスを入ってすぐのアクアスフィアと呼ばれる大きな地球儀前では、テレビ局のアナウンサーが実況中継をしている。

私は社内機関誌の担当として新パークの園内にいるが、オープニングセレモニーが終わるまでなんとか天気がもつようにと祈るような気持ちだ。予定時刻より少し早く開園したようである。プロメテウス火山を背景にした、セレモニーが行われるメディテレーニアンハーバー周辺には、すでにたくさんのゲストが陣取っている。「冒険とイマジネーションの海へ」というコンセプトのもと七つのテーマポートからなるこのパークは、世界で初めての海のテーマパークである。

音楽が聞こえてきた。いよいよだ。まずディズニーキャラクターとダンサーを乗せた船が出てきた。船長姿のミッキーと、そしてミニー、米国ディズニーの会長、副会長と並んで我々の社長を乗せた船が現れ、ゲストの近くまで来て停船した。このとき、今まで厚い雲に覆われていた空が明るくなり、パークに太陽の光が降りそそいだ。

米国ディズニーの会長と我々の社長の挨拶が行われたあと、メインのマイクに進み出て社長が高らかに「二〇〇一年九月四日。東京ディズニーシーの開園をここに宣言いたします」と発した。その瞬間プロメテウス火山から、パークにとどろく大音響の祝砲が打ち上げられた。
ついにオープンした。ふっと先日の東京ディズニーランドの場面が脳裏に浮かんだ。あの蒸気船・マークトウェイン号乗船場前に来たウエスタンリバー鉄道のシーンである。エントランスの外では目さえ合わせない人たちが、パークの中では見知らぬ人たちにお互い笑顔で手を振っている。東京ディズニーランドではこのようなシーンが見られるが、ここ東京ディズニーシーではどんなパークシーンを見せてくれるのか。新しい期待と夢が大きくふくらむ。

（完）

# あとがき

東京ディズニーリゾートにある二つのパークは、オープン以来新しい施設やイベントのリニューアルなど、訪れる人々を飽きることなく次々と楽しませてくれます。まさにディズニーテーマパークは永遠に未完成なのですが、オープン以来変わらないものもあります。それはパークの持っている雰囲気とフレンドリーで親切なキャストです。しかし変わらないものを維持し続けるために、それを支える方法は変わり続けています。例えばキャスト、応募する人も一九九〇年代と二〇〇〇年代では違います。訪れるゲストも世代交代していきます。年代によりその人たちの持っている感覚、幸福感なども異なります。幸せを提供する企業理念と運営哲学は変わりませんが、それを具現化する方法は変わり続けています。

鴨長明『方丈記』の冒頭の一節には、

〝ゆく川の流れは絶えずして、しかも、もとの水にあらず。淀みに浮かぶうたかたは、かつ消えかつ結びて、久しくとどまりたるためしなし〟

とあり、川を流れる水も川面に浮かぶ泡も同じであり続けることはないということですが、長い目で見ればテーマパークも同様ではないかと思います。ディズニーテーマパークは米国文化を代表するものの一つですが、そのコンセプトは日本の伝統的な世相観に通じるものがあるように思います。

今年は新型コロナウイルスが発生し、日本でも第三波の流行が顕著になっています。人が集まったり接したり密にならないよう気をつける必要があります。働き方も今までとは異なるものになりつつあります。しかし生活していくうえで、人との触れ合いは大切なものです。この災厄を乗り越えたとき、今まで当たり前のように行っていた人との触れ合いも、新しい角度から見えてくるのではないでしょうか。今までの当たり前が新しい価値と意味を持って、異なる視点から新しい時代の流れになるような気がします。

最後に本書を執筆するにあたり、文芸社出版企画部の田口小百合さん、藤見雄作さん、今井真理さん、そして編集部の片山航さんに多大なご支援をいただいたことを感謝いたします。

二〇二〇年十一月吉日

**著者プロフィール**

**栄 幸信**（さかえ ゆきのぶ）

1950年３月27日生まれ、大阪府出身、千葉県在住。

カリフォルニア州立大学ロングビーチ校卒業。

カリフォルニア州アナハイム市にあるディズニーランドの東京プランニングセンター（TPC）で夏の間、３年間研修を受ける。その後、1982年９月に㈱オリエンタルランドに入社し1983年４月の東京ディズニーランド（TDL）のオープンから、2001年の東京ディズニーシーオープン（TDS）、東京ディズニーリゾート30周年を経て、2015年３月31日契約満了により退職する。その間、商品販売、パークキャストの採用、教育、モチベーション施策、そしてパークに対する顧客満足およびパーク体験価値向上に関するCS推進部に籍を置きながら、社外の一般企業に向けたディズニープログラムのインストラクターを７年経験する。

現在は組織開発のODNJ（OD Network Japan）法人担当委員会メンバー。自身としては、MOST研究所にて「人と組織のやるきづくり」に関する勉強会・モチベーションスタディを実施。

趣味はウォーキング、自然と温泉、和のテイスト探求、落語のほか、アメリカン・フットボール観戦、ミュージカル／コンサート鑑賞など。



**魔法の国づくり物語**

2021年４月15日　初版第１刷発行

著　者　栄 幸信
発行者　瓜谷 綱延
発行所　株式会社文芸社
〒160-0022　東京都新宿区新宿１－10－１
電話　03-5369-3060（代表）
03-5369-2299（販売）

印刷所　株式会社エーヴィスシステムズ




ISBN978-4-286-22495-4